# Got an Idea?

# Got an Idea?

Dr. Moon J. Kim : IBM 발명왕, 지적재산 창출과 사업화 전략, 차세대 기술개발 전문가
Prof. James J. Kim : UCLA MBA 대학원 교수, CMEA & Khosla 벤처 Partner

아이디어를 발명특허로, 벤처펀드 얻어 창업까지 가는
## 실리콘밸리 천재들의 Start-up 성공 비결

www.booksr.co.kr

# preface 머리말

　　미국 속담에 '필요는 발명의 어머니이다(Necessity is the mother of invention.)'라는 말이 있다. 발명가가 발명품을 만들어내기 위해서는 발명하고자 하는 일에 대한 자신만의 필요성과 욕구가 전제되어야 할 것이다. 현재 당면해 있는 문제를 해결하기 위한 움직임에서 창의적인 생각과 의지가 샘솟듯 솟아나는 것이기 때문이다.

　　MIT 공대를 졸업한 샨 후레인은 사탕나무 찌꺼기로 새로운 식량을 만들어 남아메리카 대륙의 식량난을 해결하고자 발명에 열(熱)과 성(誠)을 다하고 있다. 개발 도상국에 사는 빈곤한 사람들을 위해 더러운 물을 깨끗하게 만들어 식수로 쓸 수 있는 유수 정화 시스템을 개발하겠다는 아이디어를 가지고 있는 사람도 있고, 새로운 재생 가능 에너지(renewable energy) 기술을 개발함으로써 백만장자가 되겠다는 꿈을 꾸고 있는 사람도 있다. 또한, 현재 보여지고 있는 세상의 모습을 모조리 바꾸어 보겠다는, 실리콘 밸리(Silicon Valley)의 야심찬 전략가도 있다.

　　이 사람들에게는 우리가 미처 갖지 못한 공통점이 있다. 그것은 바로 이들에게는 창의적인 마인드와 아이디어가 있고, 일에 대한 꾸준한 노력이 있으며, 새로운 것을 찾아 끊임없이 문제를 해결해 나가고자 하는 정열이 있다는 사실이다.

꿈이 있는 곳에 새롭고 의미 있는
삶이 피어난다.

우리에게 필요한 것은 이러한 꿈과 아이디어를 일상생활 속에서 어떻게 현실화시키느냐 하는 것이다. 그런 점에서 필자는 발명의 중요성을 언급하지 않을 수 없다. 발명이야말로 꿈을 현실로 만드는 가장 기본적이면서도 중요한 요소이기 때문이다.

이 책은 창조적인 아이디어를 현실 속에서 이루어내고자 꿈꾸고 있는 독자에게 그 아이디어를 개발시켜 발명품을 만들고, 그 발명을 특허로 발전시켜 특허를 제품화하는 과정을 단계적으로 설명해 줌으로써 꿈을 이루는 데 있어서 아주 유용한 지침서가 될 수 있을 것이다. 단, 상상의 나래를 계속 펼치고자 하는 독자에 한해서…….

Silicon Valley, USA
Dr. Moon J. Kim
Professor, James J. Kim

들어가며 •12

**CHAPTER 1 지적재산**

발명 특허로 큰 부자가 되다 •27
노하우는 돈으로 살 수 없고 뚝딱 만들어지지도 않는다 •29
자기 동기(self-motivation)를 통한 아이디어 창출 •32
12개의 특허를 획득한 디지털 블루 프로젝트 •36
특허가 왜 중요한가? •40
백만장자가 된 사람들 •42
아이디어는 물려줄 재산 •45
도대체 지적재산이 무엇이지? •48
특허의 종류 •50
창의적이라도 모두가 특허가 되는 것은 아니다 •52
생각만으로는 특허를 낼 수 없다 •55

## CHAPTER 2  아이디어와 특허

일상생활 속에서의 생각들이 아이디어의 출발이다 •63
발명가는 아이디어를 특허로 만드는 사람이다 •67
어떤 아이디어가 특허가 될 수 있을까? •72
문제를 해결해 주는 발명 •75
문득문득 떠오르는 아이디어 •78
떠오르는 아이디어는 잡아두어야 한다 •80
아이디어의 창출 •82
아이디어는 반드시 기록하자 •86

## CHAPTER 3  브레인스토밍(Brainstorming)

상품화의 가치가 있는 아이디어 •91
브레인스토밍 기법이란? •95
브레인스토밍을 하기 위한 준비 •100
브레인스토밍의 절차 •102
브레인스토밍은 도전적으로 하라 •106
브레인스토밍을 통해 얻은 아이디어의 가치 •111
노트폰의 브레인스토밍 예 •114

**CHAPTER 4  아이디어 설명서 작성**

아이디어는 문서로 작성한다 •123
아이디어의 시장성 점검 •127
아이디어를 어떻게 제품으로 만들 수 있을까? •130

**CHAPTER 5  선행 특허 조사**

특허를 내기 전에 해야 할 일 •137
선행 특허 살펴보기 •139
검색을 시작해 보자 •143
선행 특허에 대한 기술 정보 •146
내 아이디어 특허의 가치를 측정해 보자 •148
노트폰의 선행 특허 기술 조사 예 •150
진정한 발명가의 길 •153

## CHAPTER 6 특허의 신청

모제품(proto type) 만들기 •159
특허 출원서 작성 •161
특허 청구서 작성 •165
아이디어의 제품화에 대한 재검토 •169
특허를 얻는 일에는 인내가 필요하다 •171
특허의 판매와 거래 그리고 창업 •173
노트폰의 특허 청구서 •176

## CHAPTER 7 사업의 시작과 벤처 펀드

사업의 시작(start-up) •181
사업 계획서 작성 •184
앤젤 펀드와 벤처 펀드 •187
벤처 펀드를 얻기 위한 준비 사항 •190
20분 안에 투자를 끌어내야 한다 •192
벤처 펀드 회사의 질문에 대한 대처 •196

벤처 펀드 회사의 투자 형태 •200
벤처 펀드 회사가 던지는 일반적인 질문 •203
창업 회사의 성공 요인 •208
창업 회사의 실패 이유 •211
창업 회사의 실패와 성공의 예 •216

## 부록

1. 여러 나라의 특허 •222
2. 중요한 특허 용어 •226

# 들어가며

    이 책은 미국의 실리콘 밸리 천재들이 학교 시절에 받아 온 교육 중 하나였던 발명 훈련 innovation training에 대하여 쓴 것이다. 이 책을 읽으면 사람들은 훈련을 통해 자기 자질 potential을 개발하고 아이디어를 지적재산으로 만들 수 있을 것이다. 또한, 지적재산을 기반으로 벤처 자금을 얻어 새로운 사업을 시작하는 방법도 얻게 될 것이다.

# 이 책을 읽는 분들에게

아이디어를 만든다는 것은 사람의 타고난 능력과 아무 관련이 없다. 유명한 발명가인 토머스 에디슨이 언급했듯이 발명은 5%가 상상력이고 나머지 95%가 꾸준한 노력에 달려 있다. 지난 28년 동안 IBM에서 일하면서 얻은 필자의 경험에 비추어 볼 때, 이 말은 100% 정확한 사실이라고 단언할 수 있다.

발명은 훈련과 노력의 산물이다. 문제를 발견하는 것부터 그 원인을 들여다보고 여러 가지 방법을 고안해서 해결책을 찾으려는 과정과 그것을 조금이라도 개선하려고 끊임없이 노력하는 과정 속에서 발명이 나오는 것이라는 말이다. 어떤 발명이든 현재의 상태나 상황에서 계속 나아지게 만들려는 노력과 관찰 끝에 이루어지는 것이므로 이러한 습관이 저절로 몸에 배도록 훈련하는 것이 중요하다. 무슨 일을 하다가 어떤 제품의 문제점을 발견했다면 그 문제를 어떻게 해결할 것인가 조금씩 조금씩 계속 파고드는 과정 속에서 핵심이 되는 아이디어를 찾을 수 있다.

이러한 훈련이 되어 있지 않은 사람은 중요한 아이디어를 생각해 내도 이를 인식하지 못하고 그냥 지나치는 경우가 흔하다. 아이디어는 혼자서 찾아내는 경우도 있지만 때로는 동료들과 같이 발견하기도 한다.

아이디어를 가지고 있는 사람들은 누구나 사업에서 성공하기를 원한다. 구글 Google은 인터넷을 쓰는 사람들이 자기가 찾고자 하는 정보를 쉽게 얻을 수 있도록 내용 content을 데이터베이스로 재정리하고 색인 처리를 하였다. 마이크로소프트 Microsoft는 소형 컴퓨터에 쉽게 사용할 수 있는 오퍼레이팅 시스템을 만들었으며, 야후 Yahoo는 인터넷을 사용자가 쉽게 쓸 수 있도록 홈사이트를 만들어 광고 서비스로 제공하는 아이디어를 상품으로 생각해 냈다. 이러한 노력은 아이디어를 발명으로, 발명을 특허로, 특허를 사업으로 연결하여 성공한 사례라고 하겠다.

나라에 따라 조금씩 다를 수도 있지만 실리콘 밸리에서 쓰는 창업 방법은 세계 어디에서나 적용할 수 있을 것이다. 아이디어가 있고 새로운 사업에 대한 꿈이 있으며 일에 대한 열정이 있는가? 그렇다면 성공의 야심을 가지고 200% 노력할 수 있는 사람들에게 이 책은 그 꿈을 충실히 실현하게 할 수 있는 좋은 안내자가 될 것이다.

## 전문가 또는 사업을 하는 사람들에게

기업을 경영하는 사람들 중에 회사의 지적재산인 발명을 생각하는 분들에게 이 책은 많은 도움을 줄 것이다. 이 책은 회사 안에서 아이디어를 어떻게 창출하고 개발하며 보호하여 기술 사업의 발전에 쓰도록 할 것인지를 가르쳐 주기 때문이다.

구글이라는 회사는 검색 기술 하나로 성공해서 세계 제일의 웹 서비스 회사가 되었으며, 무선 웹 기술을 시작한 리서치 인 모션**Research In Motion, RIM** 회사는 1980년도에 획득한 특허로 매년 5억 달러가 넘는 특허 사용료를 받고 있다. 또한 IBM은 1년에 지적재산을 통해 20억 달러가 넘는 수익을 올린다. 이처럼 지적재산은 회사의 생존뿐만 아니라 회사가 성장하는 데 혈맥**blood line**이 되고 있다.

새로운 제품을 개발하기 위해 끊임없이 아이디어를 내며 제품을 더 좋게 만들기 위해 노력하는 회사나 사람에게 있어서 발명은 생명선이다. 오늘날 기업 개혁은 선택 사항이 아니라 필수적인 요소이다. 기업의 혁신은 21세기를 살아가는 기업의 최소한의 경영 지침인 것이다. 치열한 경쟁과 기업의 세계화로 대표되는 요즈음의 현실 속에서 기업의 생존과 경쟁은 기업 혁신의 문화가 그 회사 내부에 있느냐 없느냐에 달려 있다고 해도 결코 과언이 아니다.

이 책은 기업 혁신의 첫 발이라고 할 수 있는 아이디어를 창출하고 다듬어서 사업을 한 단계로 성장하도록 이끌어 가게 하는 길을 제시할 뿐만 아니라, 사원들에게 기존 관념을 깨고 **out of the box**로 새로운

방법을 끊임없이 모색해 갈 수 있는 새로운 차원의 기업 문화를 제공해 줄 것이다. 더 나아가 회사 안에 잠재된 지적재산을 적극적으로 끌어내게 하여 경쟁 기업을 앞서나갈 수 있는 기업 정신을 함양해 줄 것이 확실하다.

우리는 왜 발명을 하고 특허를 받고자 신경을 써야 할까? 특허는 전문 분야에 종사하는 사람들에게 전문가로서의 위치를 굳건하게 할 뿐만 아니라 회사 내에서 승진 기회를 잡을 수 있게 한다. 전문가로 인정을 받는 요건이 되기 때문에 대학에서도 특허는 학문 능률의 지표가 되고, 능률 측정에 있어서도 기술 논문보다 더 큰 비중을 차지한다. 이런 까닭에 전문가로서 특허는 일상생활 속에서도 꾸준히 추구해야 하는 일이라고 할 수 있다. 특허를 한 번이라도 받은 사람은 특허가 성역이 아니라는 사실을 쉽게 알 수 있지만 90% 이상에 해당하는 전문가들은 특허를 가지고 있지 않은 것이 현실이다.

이 책을 따라가 보면 특허하는 방법이 어떤 것인지 알 수 있으며 쉽게 특허를 얻는 방법을 터득할 수 있다. 특허를 받는 것이 생각한 것보다 어렵지 않음도 이해할 수 있으므로 평생 발명가로 살아가는 것도 불가능한 것이 아니라는 사실을 깨닫게 된다.

　이 책을 읽는 독자는 기존의 생각에 도전하는 "왜Why?"라는 단어를 많이 사용하게 될 것이다. 또한, 이러한 생활 태도를 습관화하면서 새로운 것을 찾으려는 노력을 많이 하게 될 것이다. 아울러 이 책을 다 읽게 되면 "왜Why?"라는 단어가 얼마나 매력적인지도 알 수 있게 될 것이다.

지적재산은 이러한 문화 속에서 얻어지며 아이디어를 통해 창출된 사업 재산인 특허로 이어지게 된다. 이렇게 되면 특허를 통해 회사의 수입을 확보할 수 있을 뿐만 아니라 다른 경쟁 업체의 소송을 막을 수 있게 되어 새로운 사업을 시작할 수 있는 기반도 확보할 수 있다. 또한, 지적재산을 공동으로 사용하게 되고 필요한 기술을 서로 나누어 쓸 수 있어 개발 비용을 크게 절약할 수 있다. 관심이 있는 독자들은 특허를 제출한 다음, 새로운 회사를 만들어 벤처 자금을 얻고 새로운 사업을 시작하는 방법도 어렵지 않게 파악할 수 있을 것이다.

**개인이 특허를 받게 되면**

- 전문가로서 인식을 받음
- 회사 안에서 실력자로 인정을 받음으로써 진급에 유리함
- 개인 사업을 할 수 있도록 길이 열림
- 지적재산 판매로 수입이 가능함

## 학생과 학부모들에게

현재 한국의 교육은 구조화되어 있는 실정이다. 초등학교에서 시작되어 중·고등학교를 거쳐 대학교에 이르기까지 학생들은 학교에서 제한한 울타리 안에서 규격화된 수업 과정을 거쳐야 한다. 따라서, 학생들은 새로운 환경에서 개념을 이해하거나 독창적으로 학습하려는 태도가 크게 부족한 편이다. 이런 까닭에 학생들이 사회로 진출하면 상당히 큰 어려움을 겪기 마련이며, 이는 전적으로 교육의 책임이라고 할 수

있다.

 현재의 학교 시스템은 조금 과장해서 이야기하면 학생들에게 그나마 남아 있던 창의성과 참신함마저 잃게 만드는 비교육적 환경이라고 하겠다. 이는 싱가포르를 제외한 아시아의 대부분 나라에서 공통적으로 지적되고 있는 사항이다. 우리나라 학생들은 이러한 이유로 미국이나 유럽에서 공부할 때 창의성을 따라가지 못해 상당한 어려움을 느끼고 있다.

▶미국 학교 시스템은 학생들에게 스스로 Innovation을 일상생활에 적용하여 발명으로 사회에 봉사할 수 있도록 가르치고 있다.

 이에 비해 미국과 유럽의 교육 시스템은 많은 장점을 가지고 있다. 미국과 유럽은 천재를 중심으로 한 교육 체제로 움직이기 때문에 유능한 학생들에게는 오히려 교육의 천국이라고도 할 수 있다. 미국은 교육 구조 자체가 학생들이 창의성과 창조성을 스스로 만들어 내도록 유도하는 분위기가 강하며, 학생들에게 이러한 기회를 많이 만들어 준다. 초등학교와 중·고등학교 때부터 1년에도 몇 차례에 걸쳐 공학자나 발명가를 학교로 초대하여 워크숍을 갖기도 하고, 과학 전시회 등을 통해 학생들의 창의력 발휘를 장려한다. 유럽에서는 초등학교 이후에 대학을 진학하려는 학생과 전문학교로 진학하는 학생을 갈라서 수업을 하는데, 이는 창의성을 함양시키기 위한 교육적 장치라고 할 수 있다.

미국의 대학 가운데에는 입학 조건의 하나로 학생들의 지도력과 독창력을 선정하기도 하는데, 아이비리그 Ivy League 대학에 합격한 학생들의 대부분은 바로 이 두 분야에 뛰어난 재능을 가지고 있다.

미국 보스턴에 있는 유명한 공과 대학에서는 아주 재미있는 커리큘럼을 시행하고 있다. 그것은 학생들에게 하루를 지낼 만큼의 적은 돈을 나누어 주고 그 돈으로 1주일을 보스턴에서 생활하게 하는 생존 코스이다. 이 활동은 학생들에게 대단한 인기가 있다. 이 코스를 선택한 학생들은 자기가 가지고 있는 온갖 상상력과 경험, 그리고 배경 지식을 동원하여 20달러의 적은 돈으로 1주일을 먹고 자야 한다. 이 활동이 끝난 뒤에 학생들의 이야기를 들어보면 흥미로운 이야기가 많다. 일자리를 얻어 음식점에서 식기를 닦으며 어렵게 1주일을 지낸 학생도 있고, 카지노에서 도박을 해서 돈을 벌어 흥청망청하며 호텔에서 1주일을 지낸 학생도 있으며, 몇 명의 친구들과 팀을 짜서 절약에 절약을 거듭하여 1주일을 버틴 학생도 있다. 이 커리큘럼이야말로 학생들이 자신들이 짜낼 수 있는 모든 생각과 아이디어를 생활 속에서 적용함으로써 실제 경험을 쌓도록 장려하는 활동이라고 할 수 있다. 지금까지 한 명의 학생도 실패한 전례가 없다고 하니 우리가 배울 점이 많다고 하겠다.

우리는 다음 세대인 지금의 학생들에게 혁신 능력과 창의력을 기를 수 있도록 아낌없이 도움을 주어야 한다. 다음 세대들에게 이러한 능력을 갖출 수 있도록 해야 하는 것이 교육자로서의 의무이자 부모로서의 의무이다. 그들에게 강한 생활력을 키워 주기 위해 이 책은 학생들에게 강한 도전 정신을 부여할 것이다.

이 책은 기존의 체계에서 벗어나 학생들로 하여금 독창적인 생각을 갖도록 장려할 것이다. 이 방법은 초등학생에서부터 대학생에 이르기까지 모든 학생들에게 적용되는데, 자신이 가지고 있는 아이디어를 어떻게 발견하여 그 잠재력을 싹트게 할 것인가에 초점이 있다. 또한, 학생들은 기존의 학문을 그냥 받아들이는 것이 아니라 그것이 왜 그렇게 작동되며 거기에 달리 접근하는 방법은 없는가에 대한 도전을 하게 될 것이다. 그러면서 미처 생각하지 못했던 자신만의 잠재성을 서서히 기르고, 모르는 것에 도전하여 이를 알 수 있게 됨으로써 자신감을 가져 다른 학생들과의 경쟁 의식 속에 숨어 있는 두려움을 없앨 수 있을 것이다.

부모들이 자신들의 규격 안에서 아이들을 키우려고 한다면 이 책은 그들에게 아무 도움도 줄 수가 없다. 하지만 부모들이 아이들에게 독립심을 가지고 스스로 일을 해 나갈 수 있는 능력을 길러 주려고 할 경우에는 이 책은 무척 유용하게 활용될 수 있다. 자기가 가지고 있는 틀에서만 아이들을 교육시키려는 부모들은 아이들의 잠재력을 보지 못하는 경우가 매우 많다. 나는 그런 아이 가운데 성장해서 부모보다 더 성공하는 것을 거의 본 적이 없다. 배운 것이 그것일 뿐이고, 스스로의 잠재력을 성장시킬 수 있는 기회를 접해 보지 못했기 때문이다.

미국은 아이들이 부모의 사회적 지위를 뛰어넘어 크게 성공하는 경우가 많다. 그 이유는 아이들의 부모들이 아이들에게 잠재력과 창의성을 키워 주기 위해 다양한 노력들을 기울이기 때문이다.

이 책은 미국의 실리콘 밸리 천재들이 학교 시절에 받아 온 교육 중 하나였던 발명 훈련innovation training에 대하여 쓴 것이다. 이 책을 읽으면 학생들은 훈련을 통해 자기 자질을 개발하고 아이디어를 지적재산으로 만들 수 있을 것이다. 그뿐만 아니라 이 책에서 말하는 대로 단

순히 따라 하기만 해도 일의 충족감과 자신감을 갖게 될 것이다. 학생들은 이것을 습관화하면 세상을 살아가는 동안에 스스로를 끊임없이 발전시키는 기구로 이 책을 활용할 수 있을 것이다.

# Got an Idea?

# 01 chapter

# 지적재산

- 발명 특허로 큰 부자가 되다
- 노하우는 돈으로 살 수 없고 뚝딱 만들어지지도 않는다
- 자기 동기(self-motivation)를 통한 아이디어 창출
- 12개의 특허를 획득한 디지털 블루 프로젝트
- 특허가 왜 중요한가?
- 백만장자가 된 사람들
- 아이디어는 물려줄 재산
- 도대체 지적재산이 무엇이지?
- 특허의 종류
- 창의적이라도 모두가 특허가 되는 것은 아니다
- 생각만으로는 특허를 낼 수 없다

# 지적재산

왜 우리는 지적재산에 신경을 써야 하고, 이것을 보호하기 위해 애써야 하는 것일까? 우리는 집이나 자동차 같은 눈에 보이는 재산에 대해서는 세심한 주의를 기울이지만, 눈에 보이지 않는 지적재산은 등한시하는 경향이 있다. 하지만 이는 대단히 잘못된 마음가짐이다. 지적재산을 잘 발전시켜 응용하면 눈에 보이는 재산보다도 더 큰 가치를 낳을 수 있기 때문이다.

# 발명 특허로 큰 부자가 되다

우리는 삶을 살아가면서 누군가가 발명 특허로 큰 부자가 되었다는 소식을 듣곤 한다. 지금은 일상생활에 없어서는 안 될 필수품이 된 자동차, 이 자동차의 앞에는 비가 오면 움직여 운전자의 시야를 확보해 주기 위해 설치된 와이퍼가 있다. 원래 이 와이퍼가 움직이는 속도는 늘 일정하게 유지되도록 만들어져 있다. 그런데 미시간 주립 공과 대학의 한 교수가 운전자의 의도대로 속도를 조정할 수 있는 장치를 만들어 특허를 얻었고, 그 사용료로 수백만 달러를 받고 있다. 이 교수는 자기가 낸 아이디어를 자기의 소중한 재산으로 만들어 낸 것이다.

네덜란드의 어떤 사업가가 있었다. 그는 프랑스의 버터인 마가린

margarine을 보고 이를 개선시켜 새로운 마가린을 만들어 냈다. 그가 만든 유니레버 Unilever 회사는 이 상품 덕분에 세계적인 기업으로 성장했지만, 맨 처음 마가린을 창안했던 프랑스의 발명가 메주 무리에 Mege Mouriez는 아무런 혜택도 보지 못한 채 가난한 삶을 살다가 죽었다.

얼마 전 러시 헴블톤이라는 사람은 결혼식에 참석한 하객들이 각자 자기 사진기로 찍은 사진들을 모두 모아 하나의 앨범으로 만들어 내면 좋을 것 같다는 생각을 했다. 그래서 그는 즉석에서 여러 사진들을 모을 수 있는 부스를 만들어 카메라 메모리 카드를 삽입한 뒤, 사진을 다운로드 할 수 있는 장치를 발명해 냈다. 그런 다음, 그는 벤처 회사와 협의하여 사업 자금을 대출받아 창업 start-up 회사를 만들었고, 결혼식을 돌아다니며 제품을 파는 데 성공하였다.

**사진을 모읍시다**

결혼식이나 행사 때 여러 사람들이 찍은 사진을 즉시로 다운로드 할 수 있는 부스를 만들어 사진을 다같이 나누어 볼 수 있게 하는 아이디어로 창업에 성공하였다.

# 노하우는 돈으로 살 수 없고 뚝딱 만들어지지도 않는다

우리는 자기 두뇌 속에 들어 있는 아이디어가 엄청나게 소중한 가치가 있을 수 있다는 것을 망각하곤 한다. 이는 회사도 마찬가지인데, 많은 기업들이 이미 만들어진 제품에만 신경을 쓸 뿐, 회사가 가지고 있는 무형의 지적재산에는 관심을 기울이지 않는다. 이런 회사들은 기업 구성원들의 아이디어나 창조적 제안은 자산이 아니고 회사 건물과 제품만이 기업의 자산에 속한다고 인식한다. 그러나 이는 틀려도 한참 틀린 낡은 생각이다. 제품은 능력을 갖춘 몇 사람만 모아 놓으면 언제든 개발할 수 있지만, 회사원들의 지적재산이나 창조적 제안, 즉 노하우 know-how는 돈을 주고 살 수도 없고 하루 아침에 뚝딱 만들어 낼 수도 없는 것이기 때문이다.

IBM이라는 기업에는 약 34,000개의 특허가 있다. 이 기업은 이러한 지적재산으로 1년에 약 10억 달러에서 20억 달러의 수익을 올리는데, 이 특허들은 대부분 연구 개발 R&D 과정에서 얻어진 부산물이다. 여기에서 중요한 것은 특허를 얻는 데 들어가는 비용 말고는 거의 모든 비용이 R&D 과정에서 이미 상계되었기 때문에 다른 비용이 소모되지 않는다는 점이다. 지적재산으로 얻어진 수입은 비용이 거의 들지 않기 때문에 회사의 순수익에 큰 비중을 차지한다는 말이다. 이런 까닭에 기업은 지적재산을 소홀히 해서는 안 되며, 사원 교육에 더욱 신경을 써서 지적재산과 창조적 제안을 창출하고 보호해야 한다.

　기업들이 지적재산에 신경을 써야 하는 이유는 그 밖에도 몇 가지가 더 있다. 우선, 특허를 통한 지적재산은 소비자들에게 그 회사의 기술이 우수하다는 신뢰감을 준다. 이는 회사가 기술 경쟁력에서 다른 기업보다 매우 뛰어나다는 증명을 해 주는 셈이다. 또한, 특허는 제품이나 서비스를 시장에서 독점적으로 운용하게 해 주며, 경쟁사의 공격, 즉 유사품의 시장 진입을 어렵게 만든다. 특허는 아울러 특정 회사의 기술이 뛰어나다는 점에서 혁신 기업이라는 인상을 소비자들에게 안겨 주는 효과도 있다. 사원들에게는 회사에 대한 긍지와 자부심을 심어 주게 되므로 구성원들 스스로 창조 능력을 발휘할 수 있는 기업 문화가 형성되어 회사원들의 자질이 향상된다. 한편, 진입 장벽이 약해져 새로운 사업 분야로 진출할 수 있도록 기회를 열어 주는 기능도 있으며, 특허 사용 로열티나 라이센스 이용료를 통하여 회사의 부가 수익을 높이기도 한다.

　퀄컴 Qualcomm은 휴대폰에 들어가는 CDMA라는 핵심 기술 사용료

하나로 1년에 수억 달러의 로열티를 받고 있는데, 이처럼 특허 때문에 독점 시장을 연 예는 생각 외로 많다. 구글의 검색과 데이터베이스, AT&T의 TDMA, 인텔의 마이크로프로세서 등이 그것이다. 기업 혁신은 21세기 기업으로 생존하기 위한 유일한 방법이다. 이러한 기업 문화가 있는 회사는 번성할 것이지만, 그렇지 못한 회사는 글로벌화 globalization되는 첨단 시대에서 버텨낼 수 없을 것이다.

### 왜 회사가 지적재산 보호에 힘을 쏟아야 하나?

- 회사 제품 브랜드 인식
- 경쟁에 앞서거나 다른 회사로부터 보호
- 정략적 가치 및 사용 협상에 유리한 조건
- 지적재산 판매 및 사용 허가로 수입 증가
- 니치마켓(Niche Market) 형성

# 자기 동기(self-motivation)를 통한 아이디어 창출

    기업은 급변하는 환경에 적응해 낼 수 있는 혁신 문화를 가지고 있는 것이 중요하다. 이러한 환경을 만들기 위해서는 먼저 다양한 아이디어가 죽지 않고 숨을 쉬며 소통될 수 있는 창조적인 분위기가 조성되어 있어야 하는데, 여기에는 일정한 훈련이 필요하다. 또한, 싱크탱크 **Think Tank**나 브레인트러스트 **Brain Trust** 같은 아이디어 개발팀을 구성하여 혁신적인 회사 내부 분위기를 이끌어 갈 수 있는 리더를 양성하는 것도 중요하다. 이러한 분위기가 조성되면 사원들은 기존의 테두리 안에서 벗어나 자기의 일을 다른 각도에서 볼 수 있게 되고, 제품이나 서비스에 대한 창의적인 생각을 도출해 낼 수 있게 된다. 기업의 경영진이나 중간 관리자들은 이러한 자기 동기 **self motivation**를 통해서 팀워크를 형성함으로써 새로운 아이디어를 발굴해 낼 수 있게 된다. 그리고 그 아이디어를 가지고 더욱 좋은 발명품 생산과 그로 인한 지적재산 창출에 한 발 더 앞서갈 수 있게 된다.

다음은 삼성과 마이크로소프트가 상호간에 특허에 대한 사용 허락을 허가하는 약정을 맺은 기사 내용이다.

▶ 회사 간에 특허를 서로 사용할 수 있도록 하여 개발 비용도 절약하고 제품의 지적재산 침해에 대한 사전 방지 조치에 이용한다.

여기서 잠깐 필자가 풀고자 하는데 잘 풀리지 않은 문제에 대해 말해 보자.

## 컴퓨터 하드 디스크의 자유로운 운용

모든 PC는 하드 디스크를 C와 D로 나누어 쓴다. 이 분배는 처음 PC에 운영체제 OS를 써서 설비할 때 지정된다. 최근에는 비디오를 다운로드하면서 용량 사이즈가 커지고 있는데, 문제는 이런 큰 파일을 다운받을 때, C나 D 각각은 디스크의 용량이 작아 파일을 받지 못하는 경우가 많다. C와 D 하드 디스크의 용량을 자유롭게 변경시킬 수 있는 방법이 있으면 C와 D 각각을 자유롭게 오가며 큰 파일을 다운로드할 수 있다. 이를테면, '용량 빌리기'가 가능한 것이다. 유닉스 Unix 시스템에서는 이것이 가능하지만, 윈도 Window에서는 POR 리셋 reset을 할 때에만 가능하게 되어 있어, 아직도 좋은 해결책이 나오지 않고 있다.

## 자동적으로 도수를 맞추는 안경

안경을 쓰는 사람은 누구나 새 안경이 필요할 때마다 도수에 따라 유리알이나 압축 플라스틱을 도수에 맞게 깎아야 한다. 이런 번거로움을 없애기 위해 어떤 액체(?)를 이용하여 도수에 따라 즉석으로 안경알을 만들 수 있다면, 또 시력이 변할 경우 그 변화에 따라 자동적으로 안경알의 도수가 맞추어진다면, 이는 엄청날 정도의 새로운 안경알 발명으로서의 '혁명'이 될 것이다.

아마 이 문제들도 필자가 풀고자 끊임없이 노력하면 좋은 발명품으로 태어날 수 있으리라 확신한다.

# 12개의 특허를 획득한
## 디지털 블루 프로젝트

필자가 IBM에서 근무할 때의 일이다. 인터넷을 어떻게 만들고 이용해서 회사 사업에 접목시킬 것인가를 연구하던 프로젝트가 있었다. 이 사업안은 IBM 안에 수천 개의 웹사이트가 있음에도 불구하고 IBM의 웹사이트를 찾기가 너무 힘들다는 고객들의 불만을 무마하기 위해서 추진되었는데, 그만큼 정보 검색의 효율성이 IBM의 초기 웹사이트에는 결여되어 있었다고 할 수 있다. 이런 까닭에 IBM이 소유하고 있는 기술 데이터가 엄청나게 많음에도 불구하고 고객들은 웹사이트 사용을 기피하고 콜 센터를 이용하여 문제에 대한 해답을 얻기를 원했다. 일반적으로 2000년대에 콜 센터의 운영과 유지에 들어가는 비용이 기업 수익의 약 10% 정도를 차지하는 것으로 추정되었던 것에 비추어 볼 때, IBM 입장에서는 콜 센터의 관리 업무에 적지 않은 비용이 소요될 수밖에 없었다. 따라서, IBM은 고객이 웹사이트를 많이 이용하도록 제도를 개선할 필요가 있었는데, 필자가 이 프로젝트를 담당하게 된 것이다. 우선 특공대 **Task Force** 팀을 만들어 문제의 근본적인 원인을 분석한 다음, 데이터 분석을 통하여 해결책들을 만들어 나갔다. 그런데 작업이 진행되어 가는 과정에서 중요한 사실을 알게 되었다. 그것은 우리 팀이 처음 생각했던 해결책, 즉 웹사이트를 고객이 보기 좋고 쓰기 좋게 만드는 것이 핵심Key Point이 아니었다.

우리는 IBM 내의 여러 분야에서 일하는 사람을 뽑아 팀을 만들고 각 팀원들에게 재량껏 그 해결책을 찾아보도록 과제를 주었다. 문제는 내용물contents에 있었다. IBM의 초기 웹사이트에는 고객들이 찾고자 하는 내용물이 여러 모형format으로 나누어져 있어 검색 과정에 잘 드러나지 않을 뿐만 아니라, 나온다고 하더라도 알고자 하는 정보와 동떨어진 내용이 많았다. 그래서 고객들은 자신들이 찾고자 하는 정보를 얻기 위해서는 상당한 시간과 정력을 소모해야만 했고, 여기에 짜증이 난 나머지 전화로 정보를 이야기해 주는 시스템인 콜 센터를 이용하게 된 것이다. 한 예로 'Java'를 검색 용어로 입력하면 'Java 색깔', 'Java 섬', 'Java 커피', 'Java 컴퓨터 프로그램 용어' 등의 정보가 검출되었는데, 사용자는 일일이 이러한 리스트를 다 읽고 필요한 정보가 나올 때까지 적지 않은 인내심을 발휘해야만 하였다.

이 프로젝트의 명칭은 '디지털 블루(Blue는 IBM의 상징)'라고 명명되었는데, 과제를 성공적으로 수행하였기 때문에 회사 안에서도 꽤나 유명해졌다. 'D-Blue' 팀은 이 프로젝트에서 무려 12개나 되는 특허를 획득하였다. 웹 시스템을 국제화시켜 각 나라의 언어를 자유롭게 사용할 수 있는 국제어로 발전시켰고, 한 나라의 언어를 이용하여 다른 나라 언어의 기사까지 검색할 수 있도록 만들었으며, 필요에 따라 영어와 특별히 요청한 나라의 언어로 정보를 찾아볼 수 있게 하였다. 영어를 주 언어로 삼은 이유는 기술 데이터의 95% 이상이 영어로 되어 있었기 때문이며, 각 나라에서 자기 나라의 말로 쓴 내용물은 그대로 읽을 수 있

### 디지털 블루

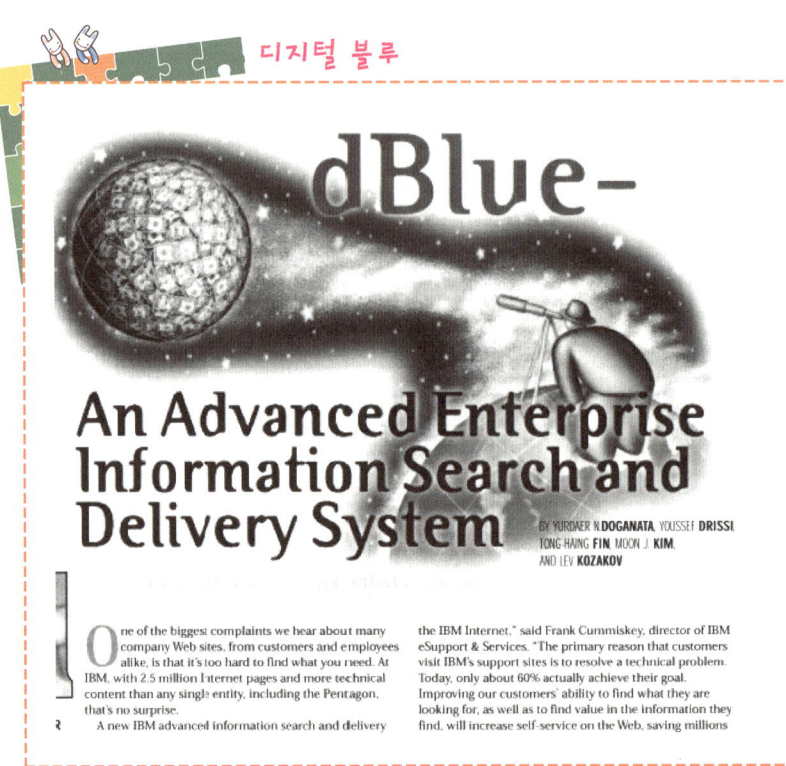

▶IBM의 기술 보조(technical support)를 위해 만든 최첨단 웹 시스템

게 하였다. 그뿐 아니라, Summarization 엔진, key word extraction 엔진, 글로벌 localization 엔진 등을 개발하여 인덱스 내용을 보강했으며, 나라마다 그 나라에 맞게 웹사이트를 만들기 쉽게 하였다. 또, Autonomic 알고리즘을 써서 검색 결과를 강화시켜 검색 내용물이 사용자에게 '가장 의미 있는 내용'을 검색해서 볼 수 있도록 하였다. 다시 말해, 고객들이 찾고자 하는 정보를 가장 빠른 시간에, 가장 적절한 정보를, 쉽게 이해하고 볼 수 있도록 제공하여 self help할 수 있도록 '21세기 정보' 시스템을 만든 것이다.

이 프로젝트의 결과로 IBM은 수천만 달러의 콜 센터에 들어가는 비용을 절감했을 뿐만 아니라, 여러 나라의 언어를 사용하여 새로운 정보를 찾을 수 있는 새로운 웹사이트를 탄생시켰다. 이 기술은 세계로 확장되어서 웹 기술의 세계화에 중요한 역할을 하였다.

# 특허가
## 왜 중요한가?

'특허가 왜 중요한가?'의 한 예로서 블랙베리**Blackberry**와 리서치 인 모션**RIM**의 특허 위반 소송 건을 들 수 있다. RIM 기업은 1980년경에 무선을 이용한 이메일을 인터넷을 통해 받을 수 있는 특허들을 획득하였다. 1980년대만 해도 인터넷은 초창기 단계에 불과했지만, 이 회사에서는 지적재산의 중요성을 알고 여기에 대한 보호 절차를 적절하게 취해 놓은 것이다. 이 특허는 무선 인터넷을 통한 이메일의 전반적인 지적 재산 보호로 광범위하게 발전하였다. 이에 비해 블랙베리는 무선 통신의 전문 회사로 휴대폰 같은 모바일 디바이스**mobile device**로 무선 이메일을 수신할 수 있는 서비스를 2000년도에 시작했다. RIM은 블랙베리에 특허 위반 소송을 제기하였고, 미국 법정은 6억 달러를 배상하라는 판결을 내렸다.

지적재산은 회사의 재산 가치를 증명해 준다. 기업에서는 특허를 신청하고 인증을 받는 과정에서 경비가 든다는 이유로 지적재산 보호에 망설이는 경우가 있는데, 이는 크게 잘못된 생각이다. 개인도 마찬가지이다. 특허는 그것을 소유한 사람의 전문성을 나타내 준다. 발명가라는 명성을 얻게 되고, 특허를 가진 분야의 전문가로서 신뢰도를 높여 준다. 특허는 또한 개인의 소유일 때, 수익의 원천source이 될 수 있고, 이를 발판으로 삼아 개인 사업을 할 수 있는 동력으로 작용하기도 한다.

 블랙베리 소송 기사

**BlackBerry Litigation Ends**

Mar 8, 2006, News Report

Last Friday, Research in Motion announced that they have signed a definitive licensing and settlement agreement. All terms of the agreement have been finalized and the litigation against RIM has been dismissed by a court order. The agreement eliminates the need for any further court proceedings or decisions relating to damages or injunctive relief. RIM has paid NTP $612.5 million in full and final settlement of all claims against

RIM, as well as for a perpetual, fully-paid up license going forward. This amount includes money already escrowed by RIM to date. The licensing and settlement agreement relates to all patents owned and controlled by NTP and covers……

▶ RIM은 BlackBerry 지적재산 침해 소송에서 6억 1천2백만 달러를 배상받았다.

# 백만장자가 된 사람들

스웨덴의 어느 공학자는 손목에 맥박을 잴 수 있는 기계 장치를 발명하여 백만장자가 되었다. 이 사람은 엄청나게 많은 시행 착오를 거친 끝에 처음에는 가슴에 부치게 만들었던 제품을 조깅하는 사람들을 위해 시계처럼 손목에 차게 변형하여 인기를 끌었다.

미국의 어떤 회사에 근무하던 한 여직원의 이야기이다. 그녀는 회사의 판매 훈련 과정 sales training 을 거쳐서 판매원으로 5년을 근무하였다. 긴 머리를 가지고 있던 그녀는 아침마다 머리를 단정하게 묶기 위해서 시간을 많이 소비하였다. 어느 날 그녀는 머리 단장에 시간을 줄일 수 있는 방법은 없을까 고민을 하다가 한 가지 아이디어를 생각해 내었다. 그것은 플라스틱으로 만든 둥근 루프 loop 였는데, 그 안에 긴 머리를 집어 넣고 루프를 위로 당기면 머리가 단정하게 묶여질 수 있었다. 그녀는 플라스틱으로 시험 제품 proto type 을 만들어 몇 번에 걸쳐 시뮬레이션 실험을 한 결과, 자신의 생각을 상품화하기에 적절한 아이디어라고 판단한 뒤, 특허를 내었다.

다니던 회사를 그만둔 그녀는 퇴직금으로 공장을 차렸다. 그리고는 실험 과정에서 나온 여러 의견들을 종합적으로 반영하여 플라스틱 루프를 본격적으로 생산하여 판매에 나섰다. 상품은 날개 돋친 듯 팔려나갔고, 그녀는

1년에 700만 달러가 넘는 수익을 올리는 백만장자가 되었다.

### 아이디어, 준비가 됐는지!

- 아이디어를 추구하자.
- 아이디어를 개발하자.
- 아이디어를 보호하자.
- 아이디어로 부자가 되어보자.

### 시작합시다!

- 아이디어는 재산입니다.
- 잘 정리하고 보호해서 팔 수도 있습니다.
- 보이지 않는다고 절대로 버리지 마십시오.

# 아이디어는 물려줄 재산

　사람은 누구나 한두 가지의 아이디어를 가지고 있다. 그렇지만 남 모르는 아이디어가 떠오를 때에도 제대로 간수를 못해서 잊어 버린다든가 비상한 아이디어임에도 불구하고 그것을 어떻게 상품으로 개발할지 막막해하는 경우가 많다. 아이디어는 엄연한 재산이므로 잘 간직하고 보호해야 한다. 그리고 아이디어는 상품화가 되는 과정에서 특허를 전제로 하게 마련이므로 보안에도 신경을 써야 한다. 몇십만 원의 현금은 소중하게 보관하면서 몇천만 원의 가치가 있을지도 모르는 아이디어를 소홀하게 관리할 수는 없지 않은가? 눈에 보이는 재산은 가족들에게 물려주려 하면서도 평생을 편안하게 살아갈 수 있는 방법을 알려주는 일에는 무심한 것은 아닌지 우리 모두 반성해 볼 일이 아닐까 싶다.

　여기서 잠깐, 필자가 떠오른 아이디어를 버리지 않고 특허 기술을 받은 이야기를 해 보자.

## 리모컨 포인트 앤 클릭(Point & Click) 디바이스(device)

내 연구실에는 컴퓨터가 여러 개 있다. 그 중 한 유형은 이메일을 주고받는 데스크톱desktop이고, 다른 하나는 들고 다니는 휴대용 노트북notebook이다.

연구를 하는 도중에도 이메일을 받는 데스크톱 컴퓨터는 항상 켜져 있다. 그래서 연구를 하다가 이메일을 읽으려고 하면 그 시스템에 가서 나에게 온 메일 내용을 선택해서 읽어야 한다. 인터넷에서 정보를 검색하거나 뉴스를 읽을 때에도 마찬가지이다. 시스템을 이루는 컴퓨터 앞에 앉아 마우스로 메일을 선택한 뒤, 열어서 읽는 것이다.

그런데 한창 연구에 몰두하다 보면 이런 과정이 몹시 귀찮아진다. 어느 날, 나는 멀리서도 시스템에 접속하는 방법이 없을까 고민해 보았다. 물론 멀리서도 사용 가능한 텔레비전 리모컨이 있기는 하다. 이 기계는 LED를 통해 검색 작용을 해서 TV 채널을 선택하는 구조이다. 그러나 이 제품은 사용 범위가 제한되어 있어서 컴퓨터에 쓸 수가 없고, 파일을 선택하여 열 수 있는 기능도 없다.

그래서 발명한 것이 리모컨 포인트 앤 클릭Point & Click 디바이스device 장치이다. 이 장치는 레이저laser 같은 빛으로 파일에 초점을 맞춘 뒤, 그 부분을 다른 버튼으로 클릭하여 기능을 작동시키는 특허 기술이다. 세 개의 서로 다른 주파수를 갖는 LED들을 써서 불리안 알고리즘bullian algorism으로 다기능 리모컨 제어 장치를 이용하여 컴퓨터나 다른 과학적 장치를 적용할 수 있도록 만든 것인데, 이 기술은 미국 특허 6,600,478로 연결되어 있다.

게으름을 조장하는 특허 기술이기는 하지만, 생각해 보면 이 특허는 원거리 제동 장치를 사용하면 어떤 보조 장치도 부착시킬 수 있어 신체에 장애를 입은 사람들에게는 매우 요긴하게 쓰여질 수가 있다.

(12) **United States Patent**
White et al.

(10) Patent No.: **US 6,600,478 B2**
(45) Date of Patent: **Jul. 29, 2003**

(54) **HAND HELD LIGHT ACTUATED POINT AND CLICK DEVICE**

(75) Inventors: **William George White**, Poughkeepsie, NY (US); **Moon Ju Kim**, Wappingers Falls, NY (US)

(73) Assignee: **International Business Machines Corporation**, Armonk, NY (US)

( * ) Notice: Subject to any disclaimer, the term of this patent is extended or adjusted under 35 U.S.C. 154(b) by 123 days.

(21) Appl. No.: 09/754,174
(22) Filed: **Jan. 4, 2001**
(65) **Prior Publication Data**
US 2002/0084980 A1 Jul. 4, 2002

(51) Int. Cl.[7] .................................... G09G 5/08
(52) U.S. Cl. ................. 345/157; 345/156; 345/158;

| 5,617,548 A | 4/1997 | West et al. ............. 395/326 |
| 5,764,224 A | 6/1998 | Lilja et al. ............. 345/179 |
| 5,793,361 A | 8/1998 | Kahn et al. ............. 345/179 |
| 5,933,132 A | * | 8/1999 | Marshall et al. ............. 345/158 |
| 5,956,736 A | 9/1999 | Hanson et al. ............. 707/513 |
| 5,963,145 A | * | 10/1999 | Escobosa ............. 340/825.72 |
| 5,969,712 A | 10/1999 | Morita et al. ............. 345/179 |
| 6,097,373 A | * | 8/2000 | Jakobs ............. 345/158 |
| 6,424,335 B1 | * | 7/2002 | Kim et al. ............. 345/158 |

* cited by examiner

*Primary Examiner*—Bipin Shalwala
*Assistant Examiner*—Leonid Shapiro
(74) *Attorney, Agent, or Firm*—Norman Gundel

(57) **ABSTRACT**

Multiple light emitting diodes (LEDs) capable of emitting light at different optical wavelengths are provided in a hand held device with switches for activating the LEDs separately or jointly. A matrix of radiant energy detectors are arrayed across a presentation screen at the display pixel locations of a screen. These radiant energy detectors are capable of

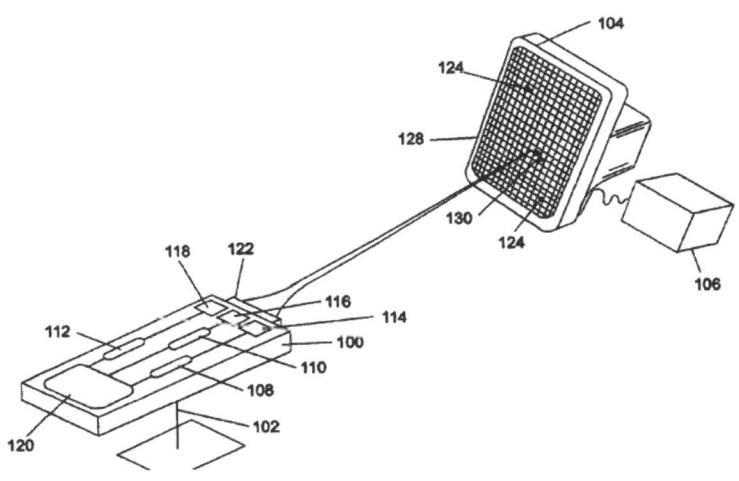

지금부터 이 책의 내용을 따라 아이디어에서 발명으로, 발명에서 특허로, 특허에서 사업으로 영역을 확장해 보자.

# 도대체 지적재산이 무엇이지?

지적재산으로는 특허 patent, 상표 trademark, 판권 또는 저작권 copyright, 회사 기업 비밀 Trade Secret 등의 네 가지가 있다.

특허는 나라에서 공식적으로 발명한 사람에게 아이디어를 개인 소유 personal property로 인정한 뒤, 이를 사고팔 수 있도록 특혜적 권한을 준 것을 말한다. 특허 제도는 나라마다 조금씩 다르지만, 특허 인증 날짜부터 대략 20년의 효력을 부여하며, 개인 재산으로 허가를 줌으로써 특허권자가 법으로 정부의 보호를 받도록 해 주는 것이다.

상표 등록은 어떤 회사를 상징하는 심벌이나 단어, 캐치 프레이즈 등을 말하는데, 이것은 회사의 상징이나 서비스에 사용될 경우, 상표 등록으로 보호를 받는다. 예를 들면, 삼성의 '애니콜', LG의 'Life is Good!' 등이 그것이다. 브랜드 네임 brand name도 여기에 해당되는데, 회사를 상징하는 것들이 보호된다고 할 수 있으며, IBM 노트북 컴퓨터의 'Think Pad' (지금은 레노보 Lenovo에 팔았음)도 이에 속한다.

판권이나 저작권은 주로 글이나 음악 등에 관한 것인데, 그것을 창작한 사람들이 법적으로 저작 활동의 보호를 받는 것을 말한다. 어떤 글이나 사진, 그림이나 음악, 컴퓨터 프로그램 코드나 마이크로 코드 등이 저작권 또는 판권을 통하여 보호받는데, 이 권리는 저작자가 살아 있는 동안은 물론이고 사후 50년까지도 저작권을 소유할 수 있으므로 사용을 허가하는 대신 사용료를 받을 수 있다. 책이나 인터넷 정보를 저작권을 행사함으로써 도용을 금지시키기도 한다.

기업 비밀은 통상적으로 볼 때, 회사 안에서 많이 쓰는 단어라고 할 수 있다. 지적재산을 특허로 출원하게 되면 그 내용이 특허청 공시에 의해서 일반인에게 보도되는데, 일단 공시된 정보는 비공개 정보로서의 강점이 사라지게 된다. 다시 말해서, 경쟁 사업 분야에서 유리한 독점적 정보 운용이 불가능해지고 시장에 제품을 먼저 출시할 수 있는 환경을 확보할 수 없게 되는 것이다. 그래서 기업은 이러한 장점을 최대한으로 활용하거나 자신들만이 알고 있는 기밀 사항이 사회에 알려지는 것을 방지하기 위해서 아이디어나 발명이 사업에 유리하다고 판단될 경우, 기업 비밀로 아이디어를 보호하는 조치를 취한다. 코카콜라Coca Cola나 펩시콜라Pepsi Cola 같은 기업이 자기 회사의 제품 독점을 안정적으로 유지하기 위해 자사의 콜라 제품에 들어가는 재료의 성분을 발표하지 않는 것이 단적인 예이다. 하지만 기업 비밀은 경쟁사가 발견해 내는 경우, 정부의 법적 보호를 받을 수 없다는 단점이 있으며, 나중에 특허로 전환해 내기 어려울 수도 있다. 각 나라마다 특허에 관한 법률 조항이 조금씩 다르므로 여기에 유의할 필요도 있겠다.

# 특허의 종류

일반적으로 특허에는 세 가지 종류가 있는데, 실용 특허 Utility Patent, 의장 특허 Design Patent, 식물 특허 Plant Patent가 그것이다. 실용 특허는 우리가 흔히 말하는 특허를 뜻하고, 의장 특허는 제품 모형을 이루는 디자인에 대한 특허이며, 식물 특허는 식물이나 초목 등 새로운 식물 개발에 대한 특허를 말한다. 추위에 잘 상하지 않는 딸기나 포도, 키가 어느 정도 자라면 성장이 멈추는 정원수가 식물 특허와 연관된다고 하겠다.

- **실용 특허** : 제품, 기계, 공정, 화학품을 섞어 새로 만든 물건 등을 가리키며, 새로운 발명품(예 iPod)이나 기존 제품을 개선한 것(예 digital TV)을 뜻한다. LED에서는 없었던 새로운 blue LED를 만든 것도 여기에 속한다.
- **의장 특허** : 물품의 형상이나 구조 등을 변경시켜 새로운 모습으로 만들거나 더 편리하고 아름답게 고안한 것을 말한다. 이 특허는 어디까지나 구조나 스타일에 제한적으로 적용되어야 하며, 만일 기능상에 관한 개선 사항이 포함되면 실용 특허로 옮겨져야 한다.
- **식물 특허** : 식물의 특성을 바꾸어 새로운 성격의 식물을 발명했을

때 적용되는 특허인데, 새 식물을 발견한 것은 특허가 될 수 없다. 씨 없는 수박, 벌레에 강한 오이, 건조한 곳에서 잘 자라는 난장이 벼나 난장이 옥수수 등이 여기에 속한다.

**특허 종류**

# 창의적이라도 모두가
# 특허가 되는 것은 아니다

그런데 여기에서 우리가 특허에 대해 알아야 할 것들이 몇 가지 있다. 특허는 아이디어에서 나오는 것이지만, 그 아이디어가 새것 **newness**이어야만 한다. '새것'이라는 의미는 기존에 있는 것과 달라야 함을 뜻하는데, 누가 이미 생각했던 것이라든가 어딘가에 쓰여지고 있는 것이라면 특허를 얻을 수가 없다. 예를 들어, 어느 나라를 방문했을 때, 자기 나라에는 없는 제품을 사 가지고 와서 자기 나라에서 특허를 신청할 수는 없다는 뜻이다. 한편, 미국에서는 아이디어가 공식적으로 발표되었거나 제품에 쓰이고 있을 경우, 그 날짜로부터 1년 안에 보호조치가 취해져야 한다. 그러나 유럽에서는 이런 조건이 없고, 공표된 그 날짜로부터 시효가 없어진다. 이처럼 특허법은 나라마다 조금씩 다르므로 여기에 대해서도 면밀한 주의가 필요하다.

또 특허는 사용**useful**할 수 있어야 한다. 그저 상상만으로 이루어지는 것들은 특허의 대상이 될 수 없다. 예를 들어, 타임머신이라든가 광선보다 속력이 빠른 차를 특허로 신청했다가는 주위의 눈총을 살 수밖에 없다. 아울러 특허는 숙련된 기술을 갖고 있는 사람이 그 아이디어를 제품이나 서비스로 만들 수 있어야 한다. 모든 사람이 다 같이 생각하고 있는 것은 특허가 될 수 없기 때문이다.

사업 방법business method도 여러 가지 응용 과정을 써서 이루어지는 것이라면 특허의 대상이 될 수 있다. 예를 들어, 어떤 물건을 팔고 사고 주문하고 배달할 수 있는 전자 카탈로그를 효율적으로 만들어 이전의 방법보다 더 유용하게 쓸 수 있는 시스템을 개선해 내었다면 이런 사업 방법에 들어간 플로차트flow chart는 특허를 신청할 수 있다. 또한, 알고리즘algorism은 컴퓨터 프로그램에 부착되어 어떤 특별한 기능을 한다든가 그 기능을 몇 배 더 증진시킬 수 있다면 특허의 대상이 될 수 있다. 얼굴을 인식하는 알고리즘이나 목소리를 인식하는 알고리즘, 몬테카를로법Monte Carlo method이 그 예라 하겠다.

기존의 제품에 특정한 기능을 가미할 때에도 특허를 신청할 수 있다. 데이터를 저장하던 USB 메모리 스틱을 무선 방식으로 서로 상대방과 데이터 송수신을 할 수 있다면 이것은 새로운 메모리 스틱이 되므로 특허의 대상이 될 수 있다. 이것은 메모리 스틱끼리 직접 데이터를 상호 교환할 수 있는 기능 data sharing이기 때문에 컴퓨터 시스템 사이의 데이터 상호 교환과 다른 것으로 보아야 하기 때문이다. 웹에 있어서 사용자가 이것을 더 쉽게 사용할 수 있게 하는 인터페이스 interface도 이런 것이며, 드롭 다운 메뉴 drop down menu 기능이나 풀 다운 메뉴 pull down menu 기능, 원 클릭 one click 기능 등도 모두 여기에 속한다고 하겠다.

# 생각만으로는 특허를 낼 수 없다

   여기에서 우리가 꼭 알아야 하는 것들 중에 하나는 특허가 작용을 하도록 증명할 필요가 없다는 점이다. 즉, 특허가 어느 정도 작동할 수 있는가를 설명할 수 있다면 특허를 신청할 수 있는 대상에 들어간다. 하지만 아이디어는 특허가 될 수 없다. 왜냐하면 아이디어는 문제나 상품을 상상한 것이기 때문이다. 발명은 그 아이디어에 대해 해결책을 말해 주는 것이므로 아이디어 자체는 특허의 대상이 아니지만, 발명은 특허의 대상이 될 수 있다.

   한 예를 보자. 최근에는 비디오를 컴퓨터로 다운로드해서 보는 경우가 많다. 그런데 이때, 비디오의 사이즈가 크면 컴퓨터에 다운로드를 할 수가 없다. 컴퓨터 디스크의 경우, 하드 디스크를 C 드라이브와 D 드라이브로 쪼개서 쓰는데, 처음으로 컴퓨터를 사용할 때, 사용자가 그 용도에 따라 두 드라이브를 적절한 양으로 분배해서 지정해 놓게 된다. 문제는 두 개의 드라이브 용량보다 비디오의 데이터 용량이 많으면 다운로드가 되지 않는다는 점이다. 언뜻 생각하기에는 C 드라이브와 D 드라이브의 크기를 유연성 있게 만들어 필요에 따라 두 개의 드라이브를 탄

력적으로 운용하면 훨씬 효율적이지 않을까 여겨지지만, 문제는 이러한 기술력을 특허화할 수 있는 방법이 없기 때문에 아무리 좋은 아이디어라도 특허를 신청할 수가 없는 것이다.

앞에서도 잠깐 언급했지만, 관념, 착상, 견해 등 생각만 가능한 것은 특허의 대상이 될 수 없다. 어떤 것에 대한 제안suggestion이나 가능성 possibility 또한 특허를 낼 수 없으며, 새로 발견된 자연 법칙이나 수학 공식 등도 특허 신청이 불가능하다. 의사들이 수술을 하는 방법이나 댄서들의 루틴 댄스routine dance도 특허 대상이 아니다. 새 약에 관한 것으로서 새로 발명된 약이 안전하지 않다거나 안전하지 않음이 증명된 것들도 특허를 받을 수 없다. 또한, 특허를 통해 나쁜 결과를 가져올 여지가 있다든가 자연 법칙을 역행하는 것들도 특허를 낼 수 없다. 미국의 특허청에서는 문학 작품, 작곡, 데이터의 컴파일 방법, 법 문서와 보험 증서 등은 제작할 수 있는 것이 아니기 때문에 특허가 불가능하다고 지정하였다.

### 특허가 되지 않는 것

- 관념, 착상, 견해, 꿈
- 제안
- 가능성
- 새로 발견한 자연 법칙 또는 수학 공식

약간은 조심스럽게 취급되는 것으로 유전자에 관한 특허가 있는데, 여기에 해당하는 특허들은 특허 변호사들에게 맡겨 두는 게 좋다. 예를 들어, DNA를 분해한다든가 클로닝cloning을 하는 기술들에 관해서 각 나라마다 특허의 기준도 다르고 법으로 제재를 가하는 정도도 제각각이기 때문이다. 미국에서는 자연적으로 생산되는 물질이라든가 유전자 순서, 줄기세포stem cell 등에 대해서는 특허를 인정하지 않고 있다.

또한, 특허의 실효 기간도 각 나라의 법에 따라 다르다는 점에 유의할 필요가 있다. 미국에서는 특허가 제출되는 날짜로부터 실용 특허는 20년, 의장 특허는 14년, 식물 특허는 20년이 유효하다. 따라서, 해당하는 나라의 특허 전문 변호사를 통하여 그 나라의 특허 유효 기간을 잘 살펴두어야 한다.

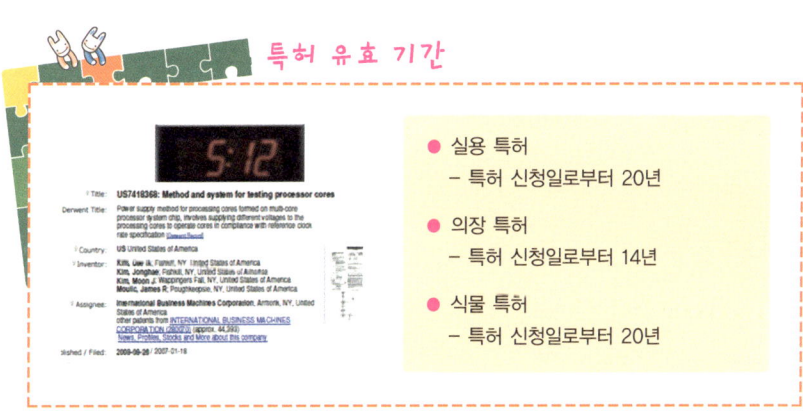

우리 주위는 온통 문제 투성이이다. 필자인 내가 아무리 많은 발명 특허를 가지고 있다고 해도 아직도 풀지 못하는 문제들이 수두룩하다.

이런 문제를 놓고 독자들도 한 번 생각해 보는 것, 의미 있는 일 아닐까? 다음은 과연 특허를 낼 수 있다고 생각이 드는가?

서리가 끼지 않는 안경 / 비가 와도 빗방울이 묻지 않는 안경

 안경을 쓰는 사람이면 누구나 어려움을 겪는다. 찬 곳에 있다가 더운 곳에 들어가면 안경알에 수증기 같은 습기가 끼어서 눈이 보이지 않는다거나, 비 오는 날에 빗방울이 안경알에 떨어져서 눈을 괴롭게 만드는 것 등이다. 특히 비 오는 날에 운동을 하는 사람은 부상을 입을 확률도 높으므로 주의를 해야 한다. 이것을 방지하기 위해 안경알에 특수 나노 nano 물질로 코팅을 해 보기도 하고, 특수 유리나 압축 플라스틱을 만들어 보기도 했지만, 아직도 좋은 해결책을 얻지 못하고 있다.

### 자동차 앞 유리를 겨울에 얼어붙지 않게 하는 방법

겨울이 되면 실내 차고에 주차하지 않은 차들은 자동차 앞 유리에 얼음이 얼어붙는다. 이렇게 되면 추운 겨울 아침에 시동을 켜고 얼음을 긁어 내거나 녹을 때까지 기다려야 한다. 발을 구르며 이 일을 해본 사람은 얼마나 불편한지 안다. 물론 앞 유리를 덮어 두면 문제가 없겠지만, 그것대로 불편함을 감수해야 하는 한계가 있다. 습기가 유리에 닿지 않으면 얼음이 얼지 않겠는데 기계적으로 이 문제를 해결하는 방법이 그리 쉽지 않다. 생각만이 머리를 뒤덮을 뿐이다.

# Got an Idea?

## chapter 2

# 아이디어와 특허

일상생활 속에서의 생각들이 아이디어의 출발이다
발명가는 아이디어를 특허로 만드는 사람이다
어떤 아이디어가 특허가 될 수 있을까?
문제를 해결해 주는 발명
문득문득 떠오르는 아이디어
떠오르는 아이디어는 잡아두어야 한다
아이디어의 창출
아이디어는 반드시 기록하자

# 아이디어와 특허

우리는 일상생활에서 겪고 있는 많은 문제점이 언젠가는 아이디어를 통해 해결될 수 있을 것이라는 확신을 가져야 한다. 하지만 문제의 해결이라는 측면에서 볼 때, 막연한 아이디어는 결코 현실화될 수 없다. 구체적이고 분명한 아이디어에서 좋은 발명이 나오고, 경제적 가치가 담보된 특허로 연결될 수 있음을 명심하자.

# 일상생활 속에서의 생각들이 아이디어의 출발이다

　우리는 매일매일 일상생활 속에서 선택의 기로에 서게 마련이다. '저녁 식사는 어떻게 할까?', '내일 아침에는 차를 가지고 출근을 할까?', '모레 퇴근 후에는 친구들과 함께 어떤 영화를 볼까?' 등이 그것이다. 그런데 관점을 달리하면 이런 일상사들은 모두 일정한 패턴의 아이디어와 연관되어 있다. 생각하지 않는 삶 자체가 지닌 한계와 제약에 비추어 볼 때, 이는 일종의 역발상(逆發想)이라고도 할 수 있다.

한편, 일상생활 속에서 우리는 전혀 의도하지 않은 상황임에도 불구하고 어떤 아이디어를 맹목적으로(?) 떠올리기도 한다. 예를 들어, 휴대폰 배터리가 다 소모되어 통화를 할 수 없게 되면 자동 충전이 되는 휴대폰 메커니즘 mechanism을 생각한다든가 미술 전시회장에서 울리는 다른 사람의 전화 벨소리를 듣고 밀폐된 장소에서는 전파를 차단해 버리는 방법을 떠올린다든가 하는 경우가 그것이다. 어떤 때에는 아주 엉뚱한 아이디어를 떠올려 주위 사람들을 황당하게 만들기도 한다.

6살짜리 어린 소녀 발명가를 통해 일상생활 속에서의 아이디어가 발전하여 특허를 얻게 되는 과정을 이야기해 보자.

미국에서는 특허 청구 제도에 발명자의 나이를 기재하지 않기 때문에 아무도 발명가의 나이를 알지 못한다. 그러나 미국의 특허청에서는 어린아이들의 특허 활동을 격려하기 위해 특별히 신경을 쓰고 있다.

미시간 주에 사는 로렌 스카피디Lauren Scafidi라는 여섯 살 난 소녀 아이가 2002년 4월에 특허를 신청했는데, 미국에서는 가장 어린 발명가로 알려져 있다. 이 소녀 아이는 가정에서 어른들이 전화를 할 때 장난으로 통화를 훼방 놓고는 했다. 그러자 로렌의 엄마는 부모가 전화 통화를 하고 있을 경우에는 통화 방해를 하지 말라고 메모지에 내용을 적어 딸에게 주곤 하였는데, 깜빡 하고 메모지를 주는 것을 잊어서 낭패를 보곤 했다. 이를 눈여겨본 로렌은 손목에 차는 장난감에 메모지를 부착할 수 있도록 발명 아이디어를 냈는데, 이것이 특허로 발전하여 미국 특허 7,195,490을 2007년 3월에 얻어 내기에 이르렀다. 어린 학생들의 발명 뒤에는 부모의 기막힌 제안이 토대가 된다는 것을 로렌의 경우를 통해서도 짐작할 수 있다.

이처럼 의도되지 않은 상황에서 떠오른 생각이 특허로까지 이어지는 이야기는 무수히 많다.

US007195490B1

## (12) United States Patent
### Scafidi et al.

(10) Patent No.: **US 7,195,490 B1**
(45) Date of Patent: **Mar. 27, 2007**

(54) **BEHAVIOR MODIFICATION SYSTEM**

(76) Inventors: **Salvatore Scafidi**, 4026 Maiden St., Waterford, MI (US) 48329; **Lauren A. Scafidi**, 4026 Maiden St., Waterford, MI (US) 48329

( * ) Notice: Subject to any disclaimer, the term of this patent is extended or adjusted under 35 U.S.C. 154(b) by 696 days.

(21) Appl. No.: **10/134,999**

(22) Filed: **Apr. 30, 2002**

(51) Int. Cl.
*G09B 19/00* (2006.01)
(52) U.S. Cl. .................................................. 434/236
(58) Field of Classification Search ................ 434/236, 434/237, 238, 112, 322, 365; 283/46; 462/17; 281/2, 5, 44, 15.1; 40/584, 586, 596; 116/1, 116/18, 200, 201, 205; 446/26, 220, 221, 446/223, 369

| | | | | | |
|---|---|---|---|---|---|
| 5,741,137 | A | * | 4/1998 | Aduvala | 434/236 |
| 5,775,554 | A | * | 7/1998 | Taylor | 223/96 |
| 5,910,009 | A | * | 6/1999 | Leff et al. | 434/322 |
| 6,056,549 | A | * | 5/2000 | Fletcher | 434/112 |
| 6,618,947 | B1 | * | 9/2003 | Gardiner et al. | 30/161 |

OTHER PUBLICATIONS

Icon Promotional Products, "Stress Toy, Question Mark" [online] Mar. 22, 2002.*
"Rapid Phone", Digital Integration (NZ) Ltd. [online], 1998.*
"Trend-Green 5" Casual Ready Letters", Mar. 24, 2002 [retrieved online Aug. 1, 2006].*
"Eurps: About Eurps", Sep. 2000 [retrieved online Jul. 28, 2006].*

* cited by examiner

*Primary Examiner*—Kurt Fernstrom

(57) **ABSTRACT**

A tool for and a method of communication that teaches children how to ask a person a question when the person is busy. Children learn to use any one of three tools that enable them to silently communicate a question without interrupt-

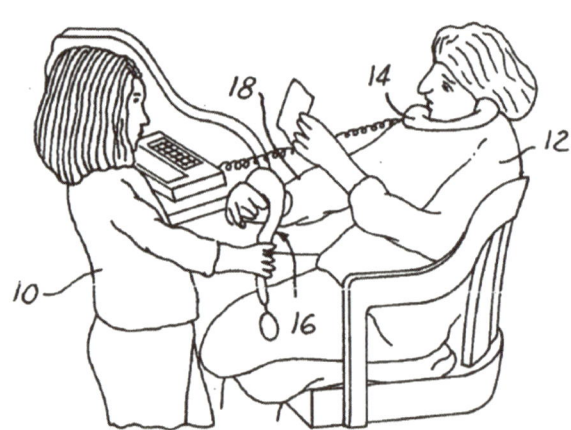

# 발명가는 아이디어를 특허로 만드는 사람이다

　발명가는 어떤 아이디어가 떠올랐을 때, 이것을 잘 기억해 두려는 좋은 습관을 가지고 있다. 이런 까닭에 발명가들은 아이디어를 개발해 낼 수 있게 되며, 더 나아가 특허로 쉽게 연결시킨다. 누구나 일상생활 속에서 아이디어를 생각해 낼 수는 있지만, 그것을 특허로 만들어서 경제적 부가 가치를 소유하지는 않는다. 그것은 결국 발명가의 몫인 셈이다.

　발명가가 지녀야 할 가장 기본적이고 중요한 자질은 바로 아이디어를 바라보는 효용성이다. 발명가들은 일상생활 속에서 아이디어를 발견해 낸 뒤, 이를 잘 활용하는 방법을 배우고 실습하여 자기만의 기술로 만들어 나간다. 그렇다면 어떤 것들이 특허가 될 수 있는 것일까?

　특허는 사용 시기와도 밀접하게 연관된다. 그중 하나로 아주 먼 장래를 내다보고 정략적으로 특허를 내는 것이 있다. 예를 들어, 스마트 더스트 Smart Dust라는 것이 있는데, 이것은 나노 테크놀로지 Nano Technology의 한 분야로 센서 sensor를 이용하여 최소형 컴퓨터로 하여금 자동적으로 환경 변화를 감지하도록 하는 장치를 말한다. 아직 실현되기에는 이르지만 공학적으로는 개발이 가능하며, 앞으로 10년 안에는 이런 제품이 사용되리라 기대할 수 있다. 이런 특허는 10년을 내다보며 정략적으로 특허를 내는 경우라고 할 수 있다. 다음에 소개된 필자의 특허가 바로 그것이다.

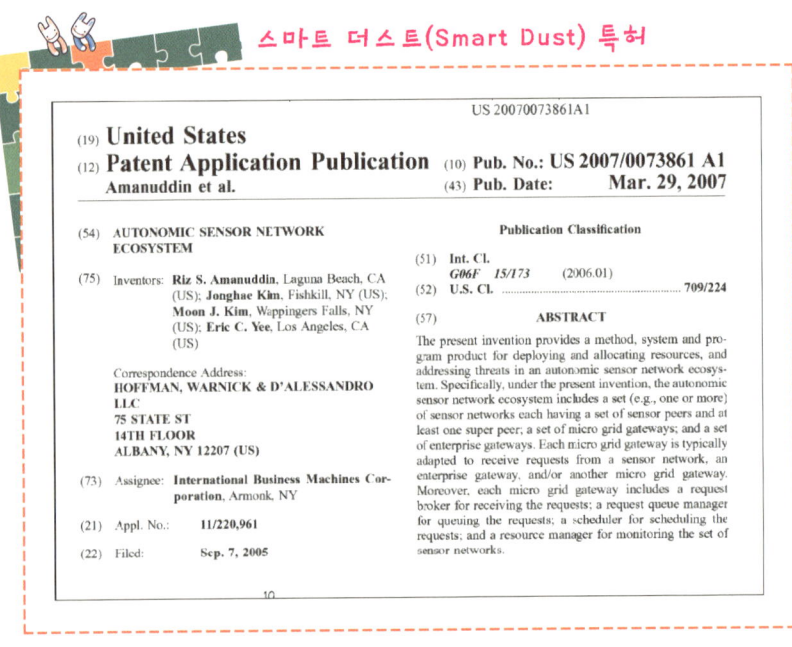

스마트 더스트(Smart Dust) 특허

이 특허는 센서와 나노컴퓨터, 인공지능 네트워크를 가미한 디바이스로 자동감지 및 자동제어 등에 쓰인다. 예를 들어, 건축자재나 페인트 같은 물질과 같이 쓰여 건물이 지어지면 스마트 더스트끼리 서로 자동 교환하여 센서에 포착된 환경 데이터를 optimized routing network를 통해 관제실 control system에 정보를 자동적으로 보내게 된다.

그런가 하면 어떤 특허는 제품을 개발하는 도중에 우연히 얻게 된 아이디어를 기반으로 받은 것으로 바로 만들어 쓸 수도 있다. 어떤 제품을 사용하다가 기능상의 문제점을 발견했는데 이를 시정하는 과정에서 중요한 아이디어가 도출되거나 현재 제품보다 훨씬 더 편리한 기능 장치가 기안(起案)된다면 이러한 발명은 쉽게 특허를 얻을 수 있다. 또한, 몇 년 이후를 내다보면서 개발한 첨단 기술들 역시 현재 시점에는 아무도 생각해 내지 못한 새로운 것이기 때문에 특허를 획득하는 데 매우 유리하다.

발명이 너무 간단해서 특허 가치가 없을 것이라고 생각했던 키보드 라이트 Keyboard light에 대해 소개해 보자.

필자는 공학자로서 연구실 안에서만 일하는 것이 아니라 시간만 있으면 언제 어디서나 일에 파묻히는 습관이 있다. 딸 아이가 초등학교 때부터 첼로 레슨을 받았는데, 집에서 한 시간 거리에 있는 첼로 레슨 교수 집에 아이를 데려다 주고 수업이 끝날 때까지 기다리는 시간을 이용하여 차 안에서 랩톱 lap top 컴퓨터로 기술 논문을 쓰거나 연구 결과를 정리하곤 하였다.

랩톱 컴퓨터는 전기가 없는 곳에서 쓸 때에는 키보드가 잘 보이지 않는다. LCD를 켜도 그 각도가 정해져 있어 키보드에는 버튼이 보일 정도로 충분하게 빛의 양을 확보해 주지 못한다. 또 LCD 패널 각도에 따라 조명도(照明度)가 달라지는 불편이 있고, 키보드 밑바탕에 역광(逆光)을 조명하는 장치는 전력 소모가 크기 때문에 배터리를 쓰는 랩톱 컴퓨터에는 거의 사용하지 않는다.

그래서 사용한 것이 트랙 포인트 track point를 이용한 조명 장치이다. 어떤 랩톱 컴퓨터는 트랙 포인트가 랩톱을 열면 올라오고 닫을 때에는 LCD에 접촉이 되지 않도록 내려가도록 만들어져 있다. 이러한 두 가지 기능을 생각해서 만들어 낸 것이 LED를 이용한 LED 트랙 포인트 발명이다. 트랙 포인트를 투명한 LED를 사용하여 머리에 캡을 씌우면 보통의 트랙 포인트로 쓰인다. 쓰다가 필요에 따라 트랙 포인트를 누르면 이것이 약간 위로 튀어 나오면서 LED에 불이 들어와서 키보드를 밝히게 된다.

이 발명은 너무 간단해서 특허를 낼 생각을 하지 않았는데, 우연히 특허 변호사와 대화를 나누다가 이 발명에 대해서 간략하게 설명을 했더니 당장 특허를 내라고 성화를 부렸다. 간단한 특허 기술일수록 오히려 더 큰 가치가 있는 특허라며 닦달하던 모습이 지금도 눈에 선하다.

아무리 사소한 발명이라도 그 가치는 클 수가 있다. 진정한 발명가는 아이디어를 특허로 만드는 사람이다.

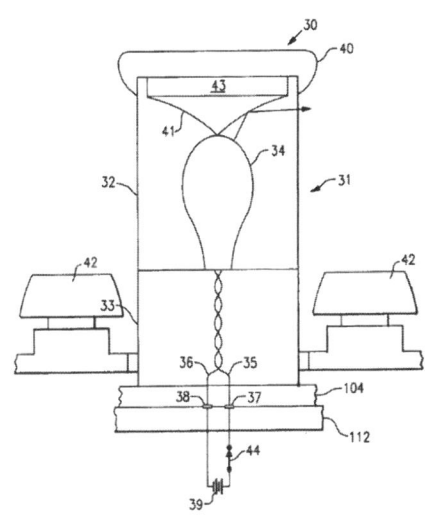

(12) **United States Patent**
Kim

(10) Patent No.: **US 6,336,727 B1**
(45) Date of Patent: **Jan. 8, 2002**

(54) POINTING DEVICE KEYBOARD LIGHT

(75) Inventor: Moon J. Kim, Wappingers Falls, NY (US)

(73) Assignee: International Business Machines Corporation, Armonk, NY (US)

( * ) Notice: Subject to any disclaimer, the term of this patent is extended or adjusted under 35 U.S.C. 154(b) by 0 days.

(21) Appl. No.: **09/604,950**
(22) Filed: **Jun. 27, 2000**
(51) Int. Cl.⁷ .................. G01D 13/26; G09G 5/08
(52) U.S. Cl. .................. 362/23; 362/85; 362/253; 345/161; 345/168
(58) Field of Search .................. 200/315; 345/157, 345/161, 168, 170, 184; 361/680, 683; 362/23, 85, 109, 253, 33

(56) **References Cited**

5,815,225 A  9/1998 Nelson ............ 349/665
5,864,334 A  1/1999 Sellers ............ 345/168
5,936,554 A  8/1999 Stanek ............ 341/22
6,005,490 A * 12/1999 Higashihara ............ 345/170
6,057,540 A * 5/2000 Gordon et al. ............ 345/161
6,161,944 A * 12/2000 Leman ............ 362/253
6,232,959 B1 * 5/2001 Pedersen ............ 345/161

FOREIGN PATENT DOCUMENTS

JP  08-314598  11/1996  .............. G06F/3/02

OTHER PUBLICATIONS

IBM-TDB—vol. 32, No. 5B Oct. 1989 pp. 474–477 "Electroluminescent Keyboard Lamp".

* cited by examiner

*Primary Examiner*—Alan Cariaso
(74) *Attorney, Agent, or Firm*—Floyd A. Gonzalez; James E. Murray

(57) **ABSTRACT**

A lighting source, such as a light emitting diode (LED), is incorporated into the shaft of the pointing device. There is a

제2장 아이디어와 특허 | 71 |

# 어떤 아이디어가 특허가 될 수 있을까?

요즘 흔히 사용되는 무선인식RFID, Radio-Frequency Identification 제품에 대해 이야기해 보고자 한다. 많은 사람들이 자신의 아이디어를 가지고 RFID를 어디에 쓰겠다는 생각을 한다고 할 때, 이 아이디어가 과연 특허가 될 수 있을지 판단해 보자. 지금 우리가 RFID 제품을 가지고 있다면 이 제품을 어떤 목적으로 쓰고 있는가 확인한 뒤, 지금의 용도보다 더 바람직한 형태로 이를 활용할 수는 없는지 생각해 볼 수 있다.

내가 느끼고 있는 아이디어를 다른 사람들도 같이 인식하고 있는지도 중요하다. 예를 들어, RFID 기술을 사용하여 모자를 만든 다음, 이를 극장이나 경기장에서 활용할 수도 있고, 뮤직 박스와 연결시켜 좋아하는 음악이 자동적으로 흘러나오게 만들 수도 있다. 또한, 휴대폰에 RFID를 넣어서 은행 계좌에 연결시키면 물건을 사고팔 때 적용시킬 수도 있고, 집의 자동화 장치에 접목하여 실내 온도를 편리하게 조절할 수도 있다. 이처럼 RFID 기술을 써서 아이디어를 내려면 이것이 어떻게 활용되는지 명확하게 설명되어야 한다. 막연한 생각을 논리적으로 구현해 내는 노력이 필요한 것이다.

### 어떻게 RFID를 활용할까?

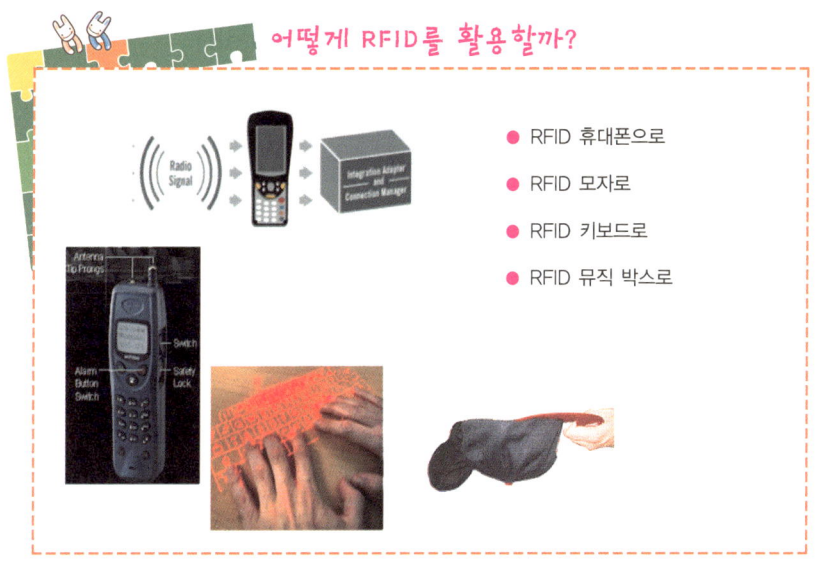

● RFID 휴대폰으로
● RFID 모자로
● RFID 키보드로
● RFID 뮤직 박스로

    마이크로소프트Microsoft에서 개발하는 키보드는 실제 키보드를 새로 개발하는 것이 아니라 사람의 손가락 움직임에 따라 센서를 이용하여 작동하게 하는 '키보드'가 없는 키보드이다. 물론 직접 만져서 센서를 작동하게 할 수도 있지만, 실상은 영상 프로젝션과 센서를 병용(倂用)한 새로운 형태의 키보드인 것이다. 또 이 발상 안에는 휴대 전화를 가지고 자기 방어로 쓰거나 의료 자동 검사기로 쓰거나 하는 많은 아이디어들이 담겨 있을 것이다. 그런 다음, 이 새로운 아이디어가 과연 제품으로 만들어서 사용할 수 있는 것인지 판단해야 한다. 아이디어를 가지고 다음 단계로 옮겨 무엇인가를 결정하는 과정에서 몇 가지 생각해 보아야 할 일이 있다.

첫째는, 자신의 아이디어를 상품으로 만들 수 있다는 확신이 있어야 한다. 해도 좋고 안 해도 좋은 아이디어라면 아예 상품화 단계로 나아가서는 안 된다. 이런 아이디어는 설령 특허를 얻어낸다 해도 별반 쓸모가 없는 경우가 많다. 특허는 그냥 오는 것이 아니라 정성을 쏟아부어야만 다른 사람들에게 가치를 인정받을 수 있는 땀의 결정체이기 때문이다.

둘째는, 아이디어에 대하여 간단한 개요 outline를 두 문단 정도의 분량으로 요약·정리할 수 있어야 한다. 다시 말해서 아이디어는 명확하게 제시될 수 있어야 한다.

셋째는, 아이디어를 제품으로 만들었을 때, 그 제품이 어떻게 쓰여질 것인가에 대하여 자세한 설명이 필요하다. 이것은 아이디어가 다른 사람들에게도 유익한 것이거나 필요한 것이어야 한다는 뜻이다.

넷째는, 아이디어를 통해 만들어진 발명품의 사용처나 소비 대상이 분명하게 제시되어야 하고, 그 제품의 장점이 아주 구체적으로 드러나야 한다.

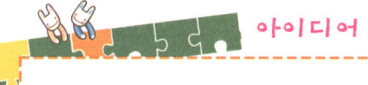

### 아이디어 진단

- 아이디어를 제품화할 수 있습니까?
- 아이디어를 1분 안에 간단하게 설명할 수 있습니까?
- 아이디어가 제품화된다면 어떻게 쓰여질지 간단하게 설명할 수 있습니까?
- 이 제품의 장점이 무엇입니까?

# 문제를 해결해 주는 발명

　필자인 내가 개인적으로 가장 좋아하는 발명은 문제를 해결해 내는 발명이다. 많은 사람들이 제품을 사용하면서 부딪히는 문제점이나 불편함을 고쳐 주는 발명이 그것이다. 품질을 개선한다든가 제품의 크기를 줄여서 휴대가 가능하게 한다든가 하는 것도 좋은 발명일 것이고, 사람들의 일상이나 사업에 도움을 주고 생활을 향상시켜 주는 발명도 좋은 발명일 것이다.

　우리는 일상생활에서 겪고 있는 많은 문제점이 언젠가는 아이디어를 통해 해결될 수 있을 것이라는 확신을 가져야 한다. 하지만 문제의 해결이라는 측면에서 볼 때, 막연한 아이디어는 결코 현실화될 수 없다. 구체적이고 분명한 아이디어에서 좋은 발명이 나오고, 경제적 가치가 담보된 특허로 연결될 수 있음을 명심하자.

　굽혀지는 빨대의 특허는 좋은 사례가 될 수 있을 것이다.

 내가 좋아하는 발명

● 좋은 발명은
- 많은 사람들이 고생하거나 필요로 하는 것을 혁신적인 방법으로 만드는 것이다.

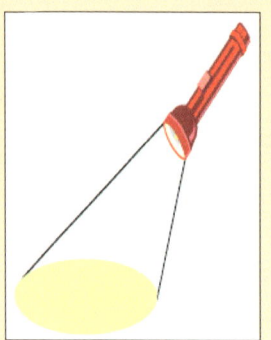

- 인간의 생활 수준을 높여주고, 왜, 무엇을, 어떻게 하며, 가능성이 없다 하더라도 꾸준히 연구하여 나오는 발명이다.

### 굽혀지는 빨대

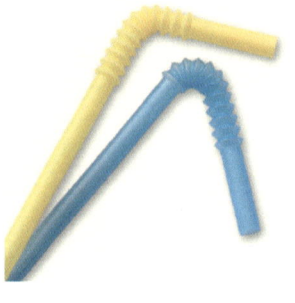

1930년대에 미국인 조셉 프리드먼Joseb Friedman은 샌프란시스코에 있던 동생의 과자 상점에서 딸 주디스가 종이로 만 빨대를 써서 컵에 든 밀크셰이크를 마시려고 몹시 고생하는 것을 보았다. 꼿꼿하게 뻗은 빨대가 좀 휘어지면 어린이들이 앉아서 빨아먹기가 쉽지 않을까 하는 생각에서 그는 빨대를 굽혀 보았다. 하지만 빨대는 컵 가장자리 부근에서 좀처럼 쉽게 구부러지지 않았다.

그래서 그는 탄탄한 실을 빨대에 감아서 빨대가 굽혀질 수 있는 부분에 주름이 잡히도록 만들어 보았다. 그런 다음, 실을 빼내니 빨대는 주름이 그대로 남아 있어서 컵 가장자리에서 쉽게 구부러지는 게 아닌가? 드디어 어린아이들이 쉽게 컵의 내용물을 빨아먹을 수 있는 빨대가 재탄생한 것이었다. 프리드먼은 이를 이용하여 마시는 튜브 drinking tube(미국 특허 2,094,268)라는 제목의 특허를 1937년 9월 28일에 획득했으며, 그 뒤에 이와 비슷한 특허를 두 개 더 받았다.

# 문득문득 떠오르는 아이디어

우리는 평소에 일을 하거나 제품을 사용하면서 문득문득 아이디어가 떠오를 때가 있다. 친구들과 잡담을 하다가도 아이디어가 떠오르기도 하고, '저것은 이렇게 만들면 좋을텐데…….' 또는 '이 제품은 이런 기능이 추가되면 더 편리하게 쓸 수 있을텐데…….' 하는 상상의 나래를 스스로 펼치기도 한다. 이러한 아이디어는 습관적인 방식에서 벗어나 다른 방법이나 다른 길을 찾는 과정에서 나오는 경우가 흔하며, 어떤 경우에는 아주 엉뚱한 발상에서 도출되기도 한다.

다음은 아이디어를 찾아내는 데 도움이 되는 몇 가지 상황이다.

- 제품이 생각대로 작동이 되지 않을 때, 이를 어떻게 고칠까 고민한다.
- 어떤 문제가 발견되었을 때, 왜 이런 일이 생겼는지 고심한다.
- 무엇이 자꾸 자신의 신경을 건드릴 때, 그 원인이 무엇인지 판단한다.

　어떤 문제가 발생했을 때, 그 문제를 어떻게 해결할 것인가 파고들다 보면 언젠가는 "아하, 그렇구나!" 하고 그 문제를 이해하게 되고, 다음 단계로 문제 해결의 아이디어를 떠올리게 된다. 이것은 어린아이들이 자랄 때의 모습과도 연관된다. 어린아이들은 호기심이 많기 때문에 끊임없이 부모에게 질문을 던진다. 자기의 지적 만족이 이루어질 때까지 어린아이들의 이런 행태는 수없이 반복되며, 이때야말로 이성(理性)을 발전시킬 수 있는 가장 좋은 시기라고 말할 수 있다. 어린 학생들을 가르치는 것이 쉬운 이유도 바로 여기에 있을 것이다. 발명가가 되려는 꿈을 가지고 있는 사람들이라면 어린아이들처럼 일상생활 속에서 호기심을 놓지 말아야 한다. 현재의 상황에 만족하지 말고 계속 의문 부호를 찍어 가면서 그 근본을 캐려고 노력해야 하는 것이다.

# 떠오르는 아이디어는 잡아두어야 한다

　잠시 떠오른 아이디어는 시간이 지나면 자연스럽게 우리의 기억 속에서 잊혀진다. 그래서 아이디어가 떠오를 때마다 그때그때 적어서 기록해 두는 습관을 가져야 한다. 이것은 발명가의 가장 중요한 덕목이라고 할 수 있는데, 이러한 습관은 타고난 자질이 아니라 꾸준한 노력에 의해서 만들어진다. 이런 습관이 생활화되기 위해서는 항상 메모지와 펜을 소지하고 있어야 한다. 우리는 동료들에게 가끔 식당이나 카페의 '내프킨 그렸던 drawing on the napkin'이라는 표현을 쓴다. 미국에서는 '봉투 겉에 계산한 back on the envelope'이라는 이야기도 자주 듣는다. 이 말은 아이디어가 떠오르면 지체하지 않고 이 내용을 눈에 보이는 어딘가에 적어 둔다는 뜻이다.

　수년 전에 IBM에서는 'Think'라는 작은 휴대용 수첩을 만들어서 나누어 준 일이 있다. 갖고 다니면서 아이디어가 생각날 때마다 기록해 두라는 의도였다. 지금도 IBM의 연구실 식당에는 식탁마다 메모지 통이 놓여 있는데, 동료들과 식사를 하거나 커피를 마시면서 떠오른 아이디어를 기록하라는 배려이다. 필자 역시 메모지나 내프킨, 편지 봉투 뒷면이나 책의 뒷면 등에 아무 때고 아이디어가 생각날 때마다 기록해 두는 습관이 있어서 효과를 보는 경우가 많았다. 지금도 침대 옆에 연필과 종이를 준비해 두고 있을 정도이다.

아이디어라는 것은 일에 몰두할 때보다 잡담을 하거나 엉뚱한 상황에서 갑자기 생각나는 경우가 많기 때문에 이러한 메모 습관은 대단히 중요하다. 잠재의식에 숨어 있던 문제가 다른 일과 연관되어 튀어나온다고도 할 수 있는데, 심지어는 꿈속에서도 아이디어가 떠오르기도 한다. 필자가 발명한 '노트폰'이라는 제품이 있다. 이것을 가지고 아이디어의 창출과 발명 과정, 특허 획득과 제품 개발 등의 경험을 이야기해 보고자 한다.

### 메모의 중요성

● 좋은 아이디어는 잡담을 하다가, 길을 걷다가, 엉뚱하게 나타날 경우가 많다. 이러한 아이디어는 바로 적어두어야 한다. 그렇지 않으면 잊어버리고 만다. 다음은 내가 제일 많이 쓰는 방법이다.

– 식당의 종이 내프킨
– 편지 또는 문서 봉투
– 책 또는 잡지 뒷면
– 갖고 다니는 메모패드

발명은 훈련이고 노력이다. 아이디어를 기록하는 습관은 발명가의 첫 습관이다.

# 아이디어의 창출

 필자는 IBM에서 28년을 차세대의 기술 개발 파트에서 일했다. 이 일은 당시로서는 약 3, 4년 뒤에나 나올 것으로 예상되던 대형 컴퓨터 시스템을 개발하는 프로젝트였다. 지금은 없는 컴퓨터 기술을, 지금 있는 기술 속에서 다음 세대의 컴퓨터를 만들어 주요 기능을 첨가하든가, 같은 기술을 다른 분야에 적용할 수 있도록 해야 하는 과정이었으므로 결코 쉽지 않은 일이었다. 새로운 시스템을 만들기까지 적어도 3년 이상의 기술 수준을 내다보는 눈이 있어야 하므로 세계 첨단 기술의 수준이 어느 정도로 발전하고 있는지도 파악해야 하고, 시장 정보에도 촉각을 곤두세워야 하며, 고객들의 시장 접근성에도 주의를 기울여야 한다.

 첨단 기술을 앞서서 내다보기 위해서는 먼저 그 전문 분야에 마스터가 되어야 한다. 그리고 현재의 기술 정도를 정확히 판단해야 하는데, 이 기술이 앞으로 어떻게 발전하리라는 판단력도 갖추어야 한다. 그러기 위해서는 끊임없이 배우는 자세가 되어 있어야 하는데, 한마디로 치열한 '공부'가 필요한 일이다. 이 일을 하면서 새로운 아이디어를 만들고 이를 새로운 시스템에 적용을 하게 되었는데, 그 과정에서 새로운 기술에 대해 특허를 내게 되었다.

이 특허 건으로 특허를 담당하는 변호사와 지속적인 대화를 나누었는데, 한 번은 특허 문건을 가지고 전화로 이야기를 하였다. 전화로 대화를 나눌 때의 어려움은 도표나 모형도를 언급할 때, 원활한 의사소통을 하기 힘들다는 것이었다. 상대방이 말하는 오른쪽이 내게도 오른쪽이 되는지 이해하기 어려웠기 때문이다. 그때만 해도 팩스Fax를 통해서 도표를 주고받고 내용을 고친 다음, 다시 팩스를 주고받는 과정을 계속할 수밖에 없었는데, 그러다 보니 서로 상당히 많은 시간을 소비하게 되었고, 효율적인 의견 교환이 쉽지 않았다. 가장 좋은 방법은 함께 만나서 한자리에 앉아 일을 하는 것이었지만, 물리적인 여건상 그것이 쉽지 않았던 것이다. 거의 한 달 동안을 팩스와 전화를 통해 특허를 내는 단

계를 밟느라 심신이 무척이나 피곤하였다.

이때 얻은 아이디어가 왜 전화선과 팩스를 겸용하지 않느냐 하는 것이었다. 두 문명의 이기(利器)를 겸용하는 기계가 있다면 화면을 서로 공유하여 보면서 대화를 나눌 수 있고, 그렇다면 이런 불편을 해소할 수 있지 않겠는가 하는 아이디어가 떠올랐던 것이다. 같이 일하던 변호사에게 이런 생각을 밝혔더니 그런 전화기를 만들면 자기 자신부터 사겠다고 호응을 했다.

### 노트 + 전화기가 필요한 이유

- **문제점**
  - 전화를 통하여 서로 도표나 모형을 설명하기 어려움. 팩스로 모형이나 도표를 주고받아야 함.
  - 대화 중 정정한 도표나 모형은 계속적으로 상대방에게 팩스로 주고받아야 함.
  - 사무실이 떨어져 있는 관계로 직접 만나서 상의하는 일들이 점점 어려워짐.
- **결론**
  - 팩스와 전화를 겸용한 제품이 필요
  - 전화를 사용하면서 끊지 않고 팩스를 받아야 함.

이것이 문제점의 발견이었고, 해결의 신호탄이었다. 문제의 핵심은 서로 전화기를 통해서 대화를 나누면서 다이어그램 diagram 을 그릴 수 있는 기계가 필요한 것이었다. 다시 말해서, 팩스의 기능과 전화기의 기능을 하나로 통합하는 기계가 절실하다는 것을 깨달은 것이었다. 자신의 의도를 상대방이 제대로 이해를 하지 못한다면 대화의 충실도를 담보하기 힘들고, 더 나아가 서로의 생각이 오해를 부를 수도 있다. 이 문제점을 확인한 뒤, 필자는 '기술 노트'에 다음과 같은 메모를 남겼다.

 문제점

전화를 통해서 어떤 다이아그램이나 도표, 형상이나 지도 등을 이야기할 때 원활한 의사소통이 힘들고 오해의 소지가 있음. 또한, 시간 지연에 따른 경제적 부작용도 따르므로 팩스 시스템과 전화 통화 시스템을 겸용할 수 있는 새로운 형태의 기계가 필요함.

# 아이디어는 반드시 기록하자

이렇게 준비된 '기록 노트'의 내용은 잘 보관해 두어야 한다. 미국에서는 특허를 먼저 제출하여 이를 기술로 인증받은 사람보다 먼저 이러한 오리지널original 아이디어를 생각해 낸 사람first to invent에게 특허권을 주고 있는데, 이를 증명하기 위해서는 발명에 대한 기록을 가지고 있어야 한다. 세계 여러 나라의 특허법 추세 역시 먼저 발명을 한 사람에게 특허를 허용하는 방향으로 움직이고 있다. 그렇기 때문에 아이디어를 기술한 기록의 보관은 특허를 입증하는 데 결정적인 증거가 될 수 있다.

앞에서 언급한 아이디어에 대한 간단한 개요를 두 문단 정도의 분량으로 요약·정리한다. 다시 말해서, 아이디어는 명확해야 한다. 그리고 이에 관한 핵심 내용을 노트에 기록한 뒤, 이 아이디어의 본질을 이해할 수 있는 동료 두 명 이상에게 발명이 틀림없다는 사실과 발명 날짜를 서명받아 두어야 한다. '기록 노트'가 여러 장일 경우, 각 페이지마다 사인을 받는 것이 원칙이다. 또한, 이러한 서명을 받을 때, 동료들의 기밀보장서non-disclosure form를 받아 두는 것이 좋다. 아울러 한 번 쓴 '기록 노트'는 절대 지우지 말아야 하며, 내용을 바꾸었을 때에는 그것을 줄로 지우고 그 옆에 수정된 내용을 적어 놓아야 한다. 그리고 이 아이디어를 보충할 다이아그램, 계산지, 사진, 포토 카피 등의 자료는 잘 간수해 두어야 한다.

---

### 기술 기록

제목(Title)

내용(Description)

도표(Diagram or Chart)

증인(Witness)
1. 이름                                                    사인
2. 이름                                                    사인
3. 이름                                                    사인

날짜                                        발명가 이름

chapter 3

# 브레인스토밍 (Brainstorming)

상품화의 가치가 있는 아이디어
브레인스토밍 기법이란?
브레인스토밍을 하기 위한 준비
브레인스토밍의 절차
브레인스토밍은 도전적으로 하라
브레인스토밍을 통해 얻은 아이디어의 가치
노트폰의 브레인스토밍 예

# 브레인스토밍
# (Brainstorming)

　브레인스토밍은 몇 명의 구성원들이 소나기가 퍼붓듯이 storm 새로운 아이디어를 마구 쏟아내는 것을 말하는데, 하나의 아이디어에 대하여 다른 구성원들의 의견이 반영되어 더욱 좋은 아이디어를 만드는 중요한 도구가 된다.

# 상품화의 가치가 있는 아이디어

　우리는 앞에서 발명으로 만들 만한 가치가 있는 아이디어와 더 나아가 특허까지 획득할 필요가 있는 아이디어에 대해서 살펴보았다. 진정한 가치가 있는 아이디어는 다른 사람이 미처 생각하고 있지 못한 아이디어라야 하며, 지금 나와 있는 기술의 장·단점을 알고 이를 간략히 분석하여 새로운 방향에 대해 이야기할 수 있어야 한다. 여기서 한 걸음 더 나아가 새로운 아이디어가 기존의 기술이나 제품과 어떻게 다르게 활용될 수 있는지 다른 사람들에게 확실히 제시할 수 있어야 한다. 또 이 아이디어를 이용하여 만들어진 상품이 어느 정도 구매력을 확보할 수 있다는 자신이 있어야 한다.

　생각만 앞서 있는 아이디어라든가 너무나 보편적인 문제 해결 방법 등은 상품화를 하기에는 적절하지 않으므로 재고해 볼 필요가 있다. 또 자기 자신만이 생각하고 있는 문제점에 대한 해결 방안을 너무 과신한다든가 타임머신 time machine처럼 실제로는 만들기 어려운 상상적 결과물을 맹신한다든가 누구나 알고 있는 자연의 법칙(예를 들어, 지구가 태양을 돈다는 과학적 진리)을 함부로 바꾼다든가 하는 창의성은 바람

직하지 않다. 아울러 있어도 좋고 없어도 좋은 아이디어는 자본과 노력을 투입하여 상품으로 개발한다 하더라도 특허를 얻을 가치가 없으므로 버려야 할 것이다.

지금은 가치가 없게 된 모뎀 검사기 modem detector 이야기를 해 보자.

## 모뎀 검사기

고속용 케이블이나 광케이블이 아직 집 안에 들어오지 않았을 때의 이야기이다. 그 당시의 인터넷 접속은 주로 전화선 모뎀을 이용했고, 같은 선으로 전화와 모뎀을 병용해서 사용하였다.

당시 미국에서는 요즘과는 달리 중·고등학생의 부모들이 자녀가 인터넷에 너무 많은 시간을 보내는 사실에 걱정을 하고 있었다. 그래서 자녀의 인터넷 접속에 제한을 두고 싶어했고, 또 집 안에서 누가 인터넷을 하고 있는지 알고 싶어했다.

반면, 인터넷을 사용하는 사람이 큰 파일을 다운로드할 때, 집에서 누가 전화를 쓰려고 전화기를 들면 인터넷 접속이 끊어져서 다시 시작해야 하는 번거로움이 있었다. 이 두 가지 문제를 한꺼번에 해결한 것이 모뎀 가드 modem guard였다. 이 모뎀 가드는 집안에서 누가 모뎀을 통해 인터넷을 사용하면 모뎀 가드의 LED에 빨간 불이 들어오고, 전화를 사용하면 파란 불이 들어오도록 설계되었다.

중·고등학생의 부모들은 이 제품으로 자녀의 인터넷 사용을 적절하게 규제할 수 있게 되었다. 또한, 가족 중 누군가가 인터넷을 사용하는 동안에는 아무도 그 선을 침범하지 않게 만듦으로써 전화선의 접속 방해도 방지할 수 있게 되었다.

지금은 광케이블을 통해 DSL이나 케이블 세트 톱<sup>cable set top</sup>을 통하기 때문에 모뎀 카드가 별반 쓸모가 없어졌다. 무선 기술의 발전으로 모뎀 카드의 필요성은 줄어들었지만, 앞으로 어느 시점이 되면 다시 자녀들의 인터넷 사용 시간이나 접속 내용에 대한 제재가 고개를 들지도 모를 일이다.

이렇듯 세월이 흐르고 새로운 발명품이 만들어지면 그 시대에 매우 유용했던 특허 기술도 쓸모없게 되고 만다.

# 브레인스토밍 기법이란?

　이런저런 단계를 거쳐서 생각해 낸 아이디어가 상품으로 만들거나 특허로 만들 만한 가치가 있다고 판단된다면 어떻게 해야 할까? 자신이 속한 팀만의 착각일 수도 있으므로 다른 구성원들은 이 아이디어에 대해 어떻게 생각할지 테스트$^{test}$를 해볼 필요가 있다. 이 과정은 그다지 어렵지 않은데, 이럴 때 사용하면 효과가 있는 방법이 바로 브레인스토밍$^{Brainstorming}$ 기법이다. 이는 회사나 기업에서 아이디어를 창출하거나 문제를 해결할 때 많이 쓰는 방법으로, 자유 토론을 통해 구성원 각자가 안건에 대해 자기의 생각이나 의견을 말한 뒤, 거기에서 나온 다양한 주장을 모아서 모든 참석자가 받아들일 수 있는 타당한 절충안을 만들어 내는 것을 말한다. 다시 말해서, 하나의 아이디어에 다른 사람의 아이디어를 가미하여 더 좋은 아이디어를 도출해 내는 과정이라고 할 수 있다. 이는 처음 나온 아이디어의 발전적 모색을 도모해 내는 기법인 셈이다.

## 브레인스토밍

　자기가 낸 아이디어는 자기 자신뿐 아니라 다른 사람이 볼 때에도 가치가 있어야 하며, 이것을 담보하기 위해서는 자기의 아이디어를 다른 사람들로 하여금 관찰하게 하여 그들의 의견이나 생각을 들어 보아야 한다. 자기의 아이디어와 다른 사람들의 비판적 의견이 합쳐질 때, 그 아이디어는 진정한 가치를 지닌 보물로 재탄생된다. 즉, 자신의 아이디어가 더 좋은 아이디어로 발전하게 되는 것이다.

　우리 나라 속담에 '우물 안 개구리'라는 말이 있다. 이 말은 자기 자신만의 영역에만 안주하게 되면 견문이 좁아져 더 넓은 세계를 알 수 없게 된다는 뜻이다. 자기가 가지고 있는 아이디어는 자기 자신이라는 우물 안에 함몰될 우려가 있어 진정한 가치를 내기 힘들게 된다. 다른 사람이 볼 때, 자신의 생각과 달리 판단되는 견해는 얼마든지 있을 수 있다. 자신의 아이디어가 다른 사람에게 전혀 수용될 수 없는 것으로 판정된다면 이를 토론하는 과정에서 자신의 생각을 다른 사람에게 설득할 수도 있고, 거꾸로 상대방의 의견이나 주장에 설복되어 자신의 생각을 수정함으로써 더욱 쓸모 있는 아이디어가 만들어질 수도 있다. 이처럼 브레인스토밍은 하나의 아이디어에 대해서 다른 구성원들의 의견을 반영하여 더욱 좋게 만드는 중요한 도구인 것이다.

이 기법의 특징은 같은 아이디어를 놓고도 여러 가지 배경 지식 schema을 가지고 있는 사람들이 열린 마음으로 토론을 하여 더욱 효율적인 아이디어를 도출해 낸다는 점이다. 한 사람의 생각이 다른 사람의 생각을 촉발시켜서 또 다른 생각을 낳게 한다고 할까? 궁극적으로는 토론에 참석한 모든 사람들의 의견이 종합되어 수용 가능한 발전적 아이디어가 나오게 된다. 처음에는 다소 추상적이었던 아이디어가 토론 과정에서 더욱 구체화되어 가치를 측정할 수 있는 단계에까지 이르게 되는 것이다.

일반 사람들은 일상생활 속에서 얻은 자신의 아이디어가 소비자가 필요로 하는 제품과 연결되어 막대한 재산이 될 수 있다는 것을 모른다. 그런가 하면 기업들은 경쟁 회사를 이기기 위해 제품의 innovation을 찾는다. R&D는 비용이 많이 들고 새로운 아이디어로는 제품 개발이 힘드니 자체 개발보다는 지적재산을 사는 것이 유리하다고 판단하여 IP M&A가 활성화되고 있다.

## 일반 사람들

- 아이디어가 재산이 될 수 있다.
- 일상생활 속에서 얻은 아이디어가 소비자가 필요로 하는 제품과 직접 연결된다.
- 그러나 대부분의 일반 사람들은 자신의 아이디어 가치를 인식하지 못할 뿐 아니라 보호할 줄도 모른다.

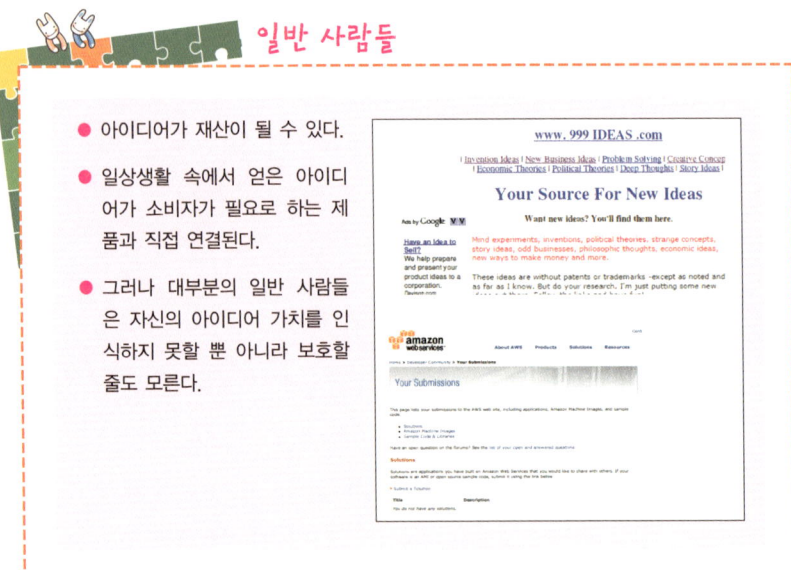

브레인스토밍은 일반 사람들의 지혜 social wisdom를 통합하여 아이디어를 개발해서 발명하고, 발명을 제품화시키는 방법으로 쓰이고 있다. 브레인스토밍은 더 나아가 사회 지성 social Intelligence을 얻는 목적으로도 쓰이는데, 어느 정도 구체화된 범위 안에서 응용하면 굉장한 가치가 있다. 요즈음 흔히 말하는 the crowd is wise when it is focused로, 이는 전형적인 브레인스토밍을 목적을 둔 focused 브레인스토밍으로 바꾼 것이다.

## 기업들

- 기업들은 경쟁 회사를 이기기 위해 제품의 innovation을 찾고 있다.
- R&D는 비용이 많이 들고 새로운 아이디어로는 제품 개발이 힘들어지고 있다.
- 대다수 기업들은 자체 개발보다 지적재산을 사는 것이 유리하다고 판단하여 IP M&A가 활성화되고 있다.

# 브레인스토밍을
## 하기 위한 준비

　브레인스토밍을 하기 위해서는 먼저 팀을 만들어야 한다. 팀을 모으는 방법은 가능한 속한 환경이 다른 사람들을 골고루 섞는 게 바람직하다. 예를 들면, 논의하고자 하는 아이디어에 대해 전문적인 지식이 있는 사람도 필요하지만 전혀 문외한인 사람도 필요하다. 남성과 여성도 균등하게 포함되어야 하며, 젊은 사람과 노인도 같이 들어 있어야 한다. 물론 아이디어의 내용에 따라 구성원의 비중은 차별화될 수 있다. 미팅 meeting을 효율적으로 하기 위해서 구성원은 6명 정도가 적당하며, 아이디어의 보안을 유지하기 위해서 이왕이면 결속력이 높은 사람들로 구성하는 것이 바람직하다.

　학교에서 그룹group 실습을 할 경우에는 미리 정보를 알려 주지 않고 중요 안건에 대해 학생들에게 각자의 아이디어를 한 가지씩 가지고 오라고 주문하는 것이 좋다. 이때에는 각자가 가지고 온 아이디어를 브레인스토밍을 통해 논의한 뒤, 하나의 아이디어를 선택한다. 그 과정에서 학생들에게 자신이 가지고 온 아이디어를 일정 시간을 주어 다른 학생들에게 설명할 기회를 주어야 하며, 참석자의 설명을 모두 들은 뒤, 팀에서 하나의 아이디어를 결정하게 한다. 다시 말해서, 한 아이디어를 선택하는 과정이 브레인스토밍 과정 속에 포함되어야 한다.

브레인스토밍을 하기 위해서는 다음과 같은 몇 가지의 준비가 필요하다.

- 칠판이나 백지, 플립 차트
- 연필, 테이프, 스티커
- 여러 사람이 둘러앉을 수 있는 회의 탁자와 의자

브레인스토밍은 회의 과정에서 구성원의 생각이 자연스럽게 흘러오는 것을 장려하기 때문에 플립 차트나 화이트 보드에 써 가면서 아이디어를 기록해 놓는 것이 좋다. 회의실이나 검토실처럼 다른 사람들의 방해를 받지 않는 장소가 바람직하며, 될 수 있으면 미리 시간을 정해서 이야기가 다른 방향으로 새지 않게 밀도 있게 진행되어야 한다. 또한, 미팅을 시작하기 전에 팀원들에게 다음과 같은 몇 가지 룰rule을 제시하는 것이 좋다.

- 다른 사람이 아이디어를 이야기하는 동안 자신의 생각을 노트나 백지에 적을 것
- 자신의 관점과 다르다고 해서 다른 사람의 이야기를 맹목적으로 비판하지 말 것
- 자신의 생각을 적극적으로 피력하되, 연설조의 웅변이 되지 않게 할 것

# 브레인스토밍의 절차

　브레인스토밍이 시작되면 자신이 가지고 있는 아이디어를 팀원들에게 자세히 설명한다. 팀원들은 이 아이디어를 들으면서 각자 가지고 있는 생각을 준비해 온 노트에 요점 중심으로 메모한다. 이때 주의해야 할 것은 상대방의 의견을 무시하거나 근거 없이 비판해서는 안 된다는 사실이다. 우리는 무지개를 볼 때마다 아름다움을 느낀다. 그 이유는 무엇일까? 바로 조화의 아름다움이다. 무지개는 일곱 개의 다른 색깔이 모여야만 만들어지는 것이기 때문이다. 브레인스토밍 역시 팀원들의 서로 다른 아이디어가 융합되어 더 고차원적이고 효율적인 아이디어를 만들어 가는 의미 있는 과정임을 잊어서는 안 된다.

브레인스토밍 과정을 성공시키기 위해서는 품질 관리에 많이 쓰이는 피시본fishbone 다이어그램diagram을 활용하는 것이 좋다. 다음 그림과 같이 왼쪽(조건 또는 여러 아이디어)에서 오른쪽(목표)으로 옮겨 가면서 아이디어를 덧붙이는 것이다. 가운데 지평선은 처음에 설명한 주(主) 아이디어이다.

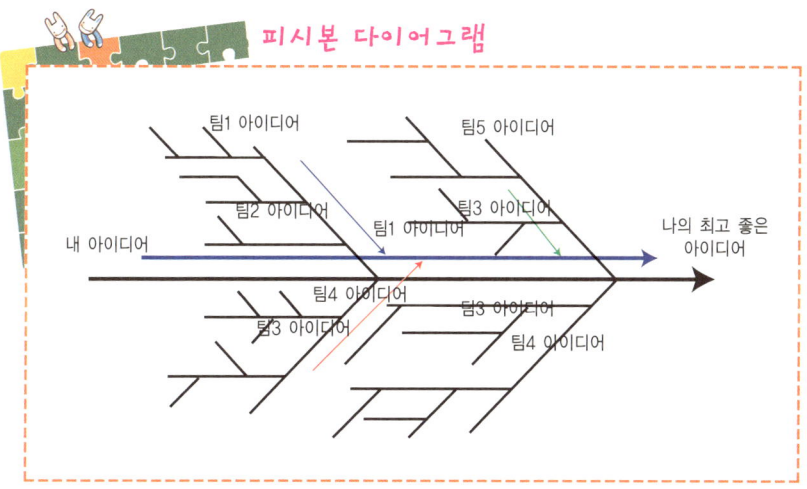

피시본 다이어그램

가지뼈는 주 아이디어에 속한 4, 5가지의 어떤 분야를 의미한다. 예를 들어, 이 분야는 시장성, 기술성, 제조성 등의 아이디어에 연결된 가지 아이디어로 토론에서 나온 아이디어를 이 분야 안에 포함시켜 가면서 계속적으로 주 아이디어를 확대해 나가면 쉽게 여러 아이디어를 종합할 수 있다.

브레인스토밍의 절차에 특별히 효율적인 방법이 있는 것은 아니지만, 좋은 아이디어를 정해진 시간 안에 얻기 위해서는 어느 정도 가이드

라인<sub>guide line</sub>을 둘 필요가 있다. 먼저 자신의 아이디어를 팀원들에게 정확하고 분명하게 설명한다. 팀원들은 이 설명을 들으면서 자신이 떠올린 아이디어나 의문점을 메모한 뒤, 설명이 끝나면 질문을 통해 토론을 진행한다. 이 과정에서 나온 다양한 의견들을 플립 차트나 화이트 보드에 기록하고, 기록된 의견에 대해 의견을 낸 당사자에게 설명할 기회를 주어 팀원들에게 평가를 하게 한다. 대개의 경우, 다수 의견을 채택하면서 회의를 진행하는 것이 일반적이며, 팀원들이 내어 놓은 아이디어들 중에 가장 현실성이 있고 가치가 높은 것 중심으로 두세 개 정도를 선택한다. 이렇게 채택된 아이디어에 대해서도 다시 토론을 진행할 수 있고, 그 과정에서 채택되지 않았던 다른 아이디어에 대해 재론(再論)할 수도 있다.

위의 내용을 피시본 다이어그램 형식으로 정리해 보면 다음과 같다.

1. 피시본 다이어그램을 플립 차트나 화이트 보드에 적음.
2. 주 아이디어를 중앙 지평선에 기술함.
3. 가지에 방법, 제품, 판매 등을 쓰고, 이것과 관련된 아이디어를 적음.
4. 각 항목에 따른 다른 팀들의 아이디어를 이끌어 냄.
5. 아이디어들을 합침.
6. 색다른 아이디어가 나오면 이를 기록해 두고, 이 아이디어로 초점을 맞춤.
7. 가지 항목을 주 아이디어에 합침.
8. 모든 기록을 보관함.

이때의 두세 가지 아이디어가 처음의 메인^main 아이디어에서 나온 브렌치^brench된 아이디어이다. 그 다음 단계로는 이 브렌치 아이디어를 메인 아이디어에 첨가하는 것인데, 경우에 따라서는 아이디어가 전혀 다른 방향으로 전개될 수도 있으며, 이 아이디어가 다른 특허로 이어질 수도 있다. 그렇기 때문에 회의 내용을 반드시 노트북 등에 기록해 두는 것이 중요하다.

# 브레인스토밍은
## 도전적으로 하라

　아이디어가 어느 정도 고정되어 가면 이 아이디어들을 다이어그램에 그려서 정리하는데, 이때의 다이어그램은 어느 정도는 안정된 내용이 표현되어야 한다. 피시본 다이어그램을 통해서 보충된 아이디어들은 다이어그램에 적용한 뒤, 두세 가지 중요하다고 생각되는 아이디어들을 골라서 처음의 메인 아이디어와 첨부하여 합친다. 어느 정도 시스템 구성도 system diagram를 그릴 수 있게 되면 이것을 보면서 제품을 어떻게 디자인할 것이고, 완성도는 어느 정도 될 것인지 그 가능성이 정리되게 된다.

　브레인스토밍 미팅을 주관하는 사람은 좋은 아이디어를 창출해 내기 위해서 팀원들의 의견이 자유롭게 피력될 수 있도록 때로는 자신이 가지고 있는 아이디어를 던질 필요도 있다. 팀원들의 의사소통이 막혀 가는 듯한 느낌이 들면 또 다른 아이디어로 논의의 방향이 건너갈 수 있도록 유도해야 하기 때문이다. 어떤 의견이 나왔든 간에 그 의견에 '도전'하는 것은 그 의견에 대한 '비난'이 아니다. 상대방의 의견이나 아이디어를 더욱 분명하고 명확하게 만들거나 세부적인 완성도를 높이기 위해서도 이런 도전 정신은 꼭 필요하다. 이러한 과정을 통해 서로의 생각이 가미되어서 아이디어가 발전하는 결과를 얻게 되는 것이다.

### 아이디어를 더 좋은 아이디어로 만드는 방법

- 아이디어 가지 : 이례적인 아이디어들이 나올 수 있도록 자유롭게 말할 수 있는 분위기를 형성할 것
- 개인이 결정을 너무 성급히 내지 말 것
- 모든 상상력을 다 동원하도록 격려할 것
- 가정(assumption)이나 기정된 사실을 그냥 받아들이지 말고 확인해 보고, 자신의 생각이나 고집에서 떠나 남의 의견을 받아들일 수 있는 열린 마음을 가질 것

하지만 미팅에서 팀원들의 의견 교환을 너무 무제한적으로 방치해서도 안 된다. 또 아이디어가 원래의 논점에서 아주 다른 방향으로 흘러가게 하는 것도 피해야 한다. 이런 것을 방지하기 위해서도 회의 내용을 피시본 다이어그램으로 정리하면서 진행하는 것이 바람직하다. 꼬리에서 머리를 향해 미팅을 진행해 나가야 하기 때문에 아이디어들이 다른 방향으로 튀거나 산만한 내용이 나오는 것을 방지하고, 주어진 시간 안에 실용적으로 회의를 진행할 수 있게 한다.

브레인스토밍은 자기의 아이디어를 통해 다른 사람의 아이디어가 연결되고, 또 그것을 통해 또 다른 사람의 아이디어를 이끌어 내는 데 목적이 있다. 여기서 한 가지 주의해야 할 것은 너무 성급하게 아이디어의 호불호(好不好)를 결정하면 안 된다는 점이다. 더 좋은 아이디어의 제시를 막거나 훨씬 좋은 아이디어로의 발전을 막을 수 있기 때문이다. 또한, 현실적인 여건 때문에 자신의 주관을 개입시켜 아이디어의 적용에 일찌감치 제한이나 제약을 가해서도 안 된다.

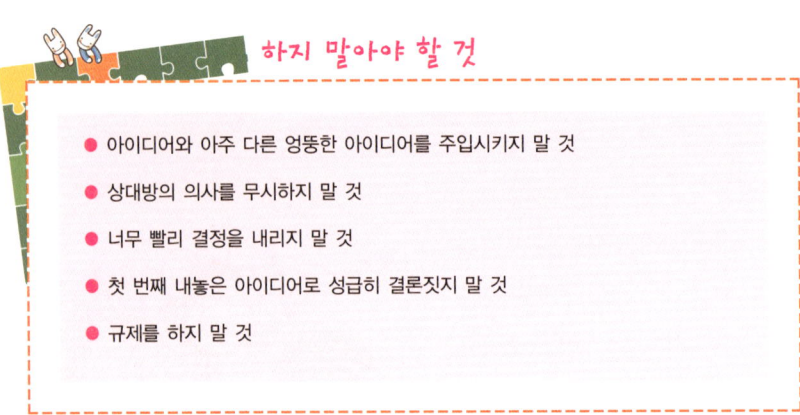

**하지 말아야 할 것**

- 아이디어와 아주 다른 엉뚱한 아이디어를 주입시키지 말 것
- 상대방의 의사를 무시하지 말 것
- 너무 빨리 결정을 내리지 말 것
- 첫 번째 내놓은 아이디어로 성급히 결론짓지 말 것
- 규제를 하지 말 것

　아이디어에 대해서 이야기를 할 때에는 구체적인 내용을 가지고 진행이 되도록 이끌어야 한다. 예를 들어, 팀원 중 한 사람이 "휴대폰에 ⊙⊙ 기능을 추가로 설정하고 싶다."라는 아이디어를 냈다고 가정하자. 이때, 듣는 사람 중에서 "그 생각은 너무 광범위하다. 그 복잡한 설정을 어디서부터 시작할 것인가?" 하고 부정적인 입장을 피력할 수 있다. 이럴 경우, 진행자는 원래의 아이디어를 냈던 사람에게 그것을 다시 보충하여 설명하도록 기회를 부여해야 하는데, "휴대폰을 쓸 때, ⊙⊙ 기능이 없어서 불편한데, 그 기능을 넣으려면 어떻게 해야 하는가?"라고 역

(逆)으로 질문을 해서 제안자의 아이디어를 좀 더 구체화시키는 것도 한 가지 방법일 것이다.

### 제안의 구체화

"나는 스마트폰 시스템을 발명하고 싶다."라고 표현하면, "스마트폰 시스템은 너무 복잡하기 때문에 그 아이디어는 안 좋아."라는 대답이 나올 수 있다.

따라서, 그 분야를 자세하게 설명할 수 있는 표현이 되어야 하는데, "스마트폰 RFID 디자인 하기를 원한다."라고 표현하기보다 좀 더 세밀하게 "passive RFID를 이용한, 또는 active RFID를 이용한 스마트폰 location을 알 수 있는 기능을 원한다."라고 표현하는 것이 더 좋다. 또는 "스마트폰에 sensor를 부착해서 자동차 타이어의 압력을 재는 기능을 더하고 싶다."라고 표현하는 것이 바람직하다. 그래서 '모바일폰으로 자동적으로 병원 시스템과 접속하여 센서로 검색한 혈압, 체온 등을 보내는 발명' 또는 '자동차 고장을 자동적으로 감지하는 스마트폰'에 대한 아이디어라고 표현하는 방법이 바람직하다.

회의에서 아이디어를 설명할 때에는 자세한 내용까지 언급해야 한다. 즉, "셀폰에 무선 인식RFID 장치를 넣어서 디자인하고 싶다."와 같은 막연한 아이디어보다는 다음과 같은 자세한 수준의 아이디어를 제시하는 것이 바람직하다.

- 스마트폰에 자동 항법 장치(GPS) 기능을 넣어서 사용자가 어디에 있는지 알 수 있게 하겠다.
- 휴대폰에 자동 항법 장치(GPS) 기능을 넣어서 휴대폰을 잃어버렸을 때 쉽게 찾을 수 있게 하겠다.

- 휴대폰에 바이오센서(biosensor)인 음성 인식 기능을 집어넣어서 내 목소리를 인식하게 하는 셀폰을 만들어 나만 쓸 수 있게 하겠다.
- 셀폰을 통해서 센서로 사용자의 체온을 재거나 자동차의 타이어 공기압을 자동적으로 알 수 있게 하겠다.

▲ GPS 스마트폰

# 브레인스토밍을 통해 얻은 아이디어의 가치

앞에서 우리는 브레인스토밍 기법을 통하여 자신의 아이디어에 다른 사람의 의견이나 주장을 받아들여 더 실제적이고 발전적인 아이디어를 만드는 과정을 배웠다. 이 단계를 거치고 나면 이 사람 저 사람의 생각이 합쳐져 만들어진 아이디어가 본래의 아이디어보다 훨씬 더 가치가 있고 새로운 것임을 깨닫게 된다. 아이디어의 가치는 이것을 가지고 사업을 했을 때 그 타당성과 가능성이 있는지를 판단해 보면 안다. 여기에서 '사업'이라는 말은 아이디어를 가지고 제품을 만드는 것뿐만 아니라 특허를 얻어서 이를 판다든가 특허 사용료를 받고 특허를 사용하게 하는 것도 포함한다.

아이디어는 보편적이고 포괄성이 있는 것일수록 가치가 높다. 또한, 다른 사람이 도용했을 때 이를 쉽게 발견할 수 있는 것이 좋다. 다른 사람들이 쉽게 사용할 수 있는 아이디어로 누구에게나 간단하게 설명할 수 있고, 다른 사람들이 볼 때 쉽게 눈에 띄는 기술이나 제품이라면 더욱 가치가 있다. 일반적으로 아이디어는 다음과 같은 경우에 더 큰 가치를 지닌다.

- 현재 나와 있는 제품에 접목해서 사용할 수 있는 아이디어
- 지금은 가치가 없지만, 몇 년 뒤에는 폭발적인 인기를 끌 수 있는 아이디어
- 상대가 되는 경쟁 회사의 제품을 무너뜨릴 수 있는 획기적인 아이디어
- 어떤 특수 기능을 제공하기 위해서는 필수적으로 꼭 써야 하는 아이디어

다음에 소개하는 스마트 모트 Smart Mote는 어떠한 가치가 있는지 생각해 보자.

### 스마트 모트

사람은 누구나 게을러지는 경향이 있다. 자신이 직접 일을 하는 것보다는 기계를 시켜서 하고 싶지 않은 일을 대신 시키고, 자신은 편안함을 추구하기 때문이다. 스마트 모트라는 발명품 역시 그런 발상에서 나온 것이다.

스마트 모트는 자동 센서 네트워크와 나노 컴퓨터 기술을 이용한 미래형 장치이다. 컴퓨터 기술이 소형화됨에 따라 이 기술에 적용할 수 있는 새로운 제품들이 나오게 된다. 신경 회로망 neural network이나 스마트 그리드 회로망 smart grid network 등은 외부 환경에 따라 정보 구조에 적합하게 자동 조정이 되어 어떤 환경에서도 자율 기능에 따라 목적을 달성한다. 이 기능을 사용하여 모트끼리 서로 교신을 함으로써 모트 장치에 검색된 정보를 중앙 시스템에 전달하도록 만들어진 발명이 바로 스마트 모트이다.

이 장치는 군사용이라든가 환경 감지(지진, 화재, 홍수 등)에 쓸 수 있을 뿐만 아니라 건축(시멘트에 섞어서 온도, 습도, 가스,

진동, 강도 등의 건물의 모든 환경 감지), 피류 등의 여러 곳에 유용하게 쓸 수가 있다. 필자의 미국 특허 7,475,158은 모트와 모트 사이에 프로토 콜을 하게 만든 것이고, US 2007 0,073,861 A1은 네트워크 디자인 발명에 해당한다.

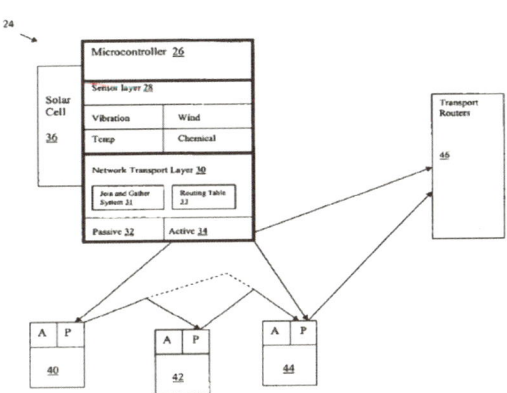

제3장 브레인스토밍(Brainstorming) | 113

# 노트폰의 브레인스토밍 예

 노트폰의 이야기를 계속해 보겠는데, 이 기계 장치의 필요성은 여러 가지로 설명될 수 있다. 필자는 네 명 정도로 브레인스토밍 팀을 만들었다. 먼저 이러한 아이디어가 나오게 된 계기에 대해서 설명하였고, 그 다음으로 제품의 필요성에 대해서 설명하였다. 그리고 전화기와 팩스가 겸용되는 시스템이 나오면 누가 이 제품을 사용할 것인지에 대해서 논의가 이어졌다.

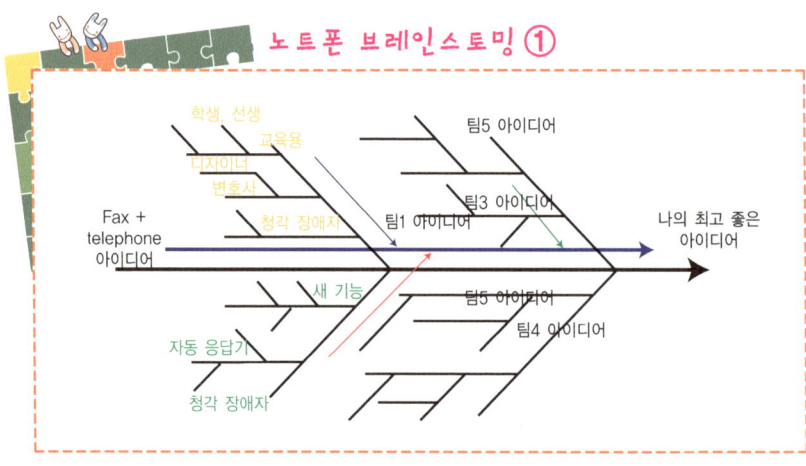

먼저, 선생과 학생들 간에 수업 도구로 유용할 수 있다는 견해가 있었다. 선생과 학생이 수학이나 과학 문제를 놓고 원격 수업을 할 때, 서로 문제를 풀어가면서 질의와 응답을 할 수 있기 때문이다. 또 디자이너들 간에 어떤 모양이나 형태를 놓고 서로 업무적인 이야기를 할 때, 의사 전달에 유용한 도구가 될 수 있다는 의견이 나왔다. 변호사와 고객이 어떤 서류를 놓고 서로 통화를 할 때, 관계자들끼리 지역의 주변에 대하여 지도를 놓고 상대에게 방향을 설명할 때, 혼선을 겪지 않고 의사소통을 할 수 있다는 이야기도 있었다.

또 다른 의견도 있었다. 전화기 속에 팩스 기능이 접속된 것이므로 전화기의 자동 응답 장치에 음성으로 메시지 message 를 남기는 것이 아니라 글로 내용을 저장할 수 있다는 주장이었다. 여기에서 한 걸음 더 나아가 이 장치가 청각 장애자들에게 효과적으로 쓰일 수 있다는 의견도 있었다. 전화가 오는 것만 시각적으로 확인할 수 있다면 청각 장애인들이 서로 내용을 써서 주고받으며 통화를 할 수 있다는 것이다. 이 관점에 입각해서 시각으로 전화가 오는 것을 인지하는 장치에 대해서도 활발한 아이디어 회의가

진행될 수 있었다.

　브레인스토밍 회의를 통해 노트폰의 가치는 충분히 인정되었으므로 갖추어야 할 기능에 대한 논의가 계속되었다. 노트폰은 화상 전송 방법 및 그 기능을 구현할 장치가 핵심이다. 전화기를 통하여 상대방과 대화를 하면서 필요에 따라 다이어그램 등을 팩스 같은 시스템으로 바로 주고받아야 하기 때문이다. 이때, 팩스보다는 LCD 판을 이용하여 그림이나 도표 등을 송·수신할 수 있도록 하여 상대방의 전화기에 설치된 모니터로 대화가 이루어져야 하므로 음성과 그림을 주고받는 송·수신 방법과 그 장치가 필요하다. 대부분의 가정에 팩스와 전화기는 설치되어 있지만, 이 두 가지 기능을 합쳐서 쓴다는 생각은 거의 하지 않기 때문에 선 자체가 분리되어 있다는 현실적 제약이 있는 셈이다.

　또한, 전화기를 통해 음성과 화상을 송신할 수 있도록 고안된 전화기가 노트폰인데, 음성 통화를 하다가 소정의 버튼을 누르면 음성 신고 출

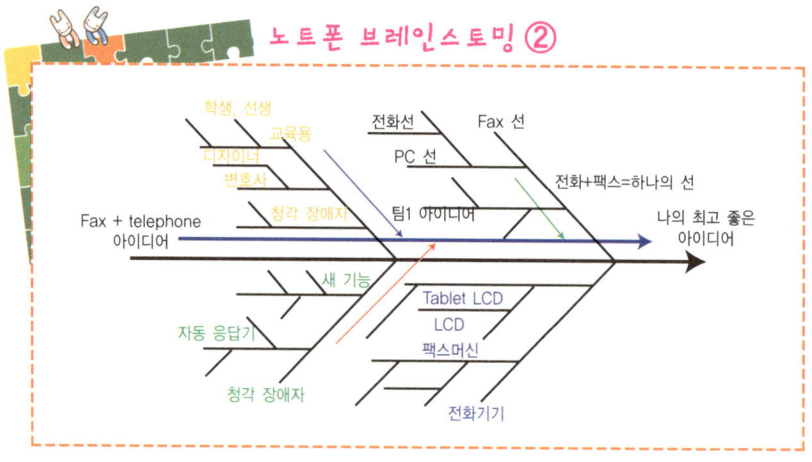

력은 차단되고 PC와 같은 노트 패드note pad에 그려진 소정의 화면에 상대방의 모니터 기능만 표시되는 것과는 구조적으로 달라야 하기 때문에 기술적으로 이를 실현하는 것이 말처럼 쉽지가 않았다.

브레인스토밍 과정에서 나온 색다른 아이디어들도 있었다. 몇 가지를 예로 들자면, PC와 전화 기능을 같이 넣어서 만들자는 의견(지금은 이런 기능의 전화기가 나와 있음), 팩시밀리 기계에 음성 기능을 집어넣어 쓸 수 있게 하자는 의견, 화면을 크게 만들어서 다른 학교에서도 같은 강의를 들을 수 있게 하자는 의견, 가정에서 답변 기계answering machine끼리 서로 메시지를 주고받을 수 있게 하자는 의견 등이다. 그래서 기존의 전화기를 통하여 음성과 데이터data를 함께 받을 수 있는 새로운 시스템이 필요하다는 방향으로 결론을 낼 수 있었다. 어쨌든 브

### 노트폰의 주요 기능

▶ 메모를 주고받는다든가, 개인 정보 보호, 메모를 팩스기에 보낼 수 있는 기능을 소개하고 있다.

레인스토밍 미팅을 통해 우리는 하나의 아이디어가 여러 개의 좋은 아이디어로 분화(分化)되고 정리(整理)되는 것을 직접 경험하였다.

이러한 과정을 거치면서 우리 팀은 어느 정도 노트폰에 대한 개요 outline를 그릴 수 있었다. 일반 전화기를 통해 상대방과 통화를 하면서 필요에 따라 버튼을 조정하여 LCD 같은 노트 패드에 그려진 그림이나 도표, 문자 등이 전화의 선로로 즉시 송·수신되어 상대방의 전화기에 설치된 LCD에 연결될 수 있도록 한 것이다. 이렇게 됨으로써 상대방과 더 원활한 의사소통을 할 수 있게 되었다. 다른 여러 분야에도 활용될 수 있는데, 수학 공식, 그림이나 지도, 소정의 메모 등을 기록으로 남겨 둘 수 있게 하고, 청각 장애자들이 서로 글을 통해 전화 통화를 할 수 있게 한 것이었다. 여기에서 나온 여러 아이디어를 정리해 보면 다음과 같다.

- 음성 통화를 하면서 동시에 손으로 메모를 받는다.
- 수천 개의 전화번호를 저장할 수 있으며, 한 번에 발신을 할 수 있다.
- 음성 통화의 유무와 상관 없이 전화국에서 주는 발신자 정보를 받을 수 있다.
- 자동 응답기에서 음성과 동시에 수기 메모를 저장하거나 생산할 수 있다.
- 원격지 자동 응답 메시지 수신이 가능하다.
- 수신 번호의 검색 기능이 원활해진다.
- 스피커 폰으로 활용할 수 있다.
- LCD상에 나타나는 아이콘(icon)이나 메뉴로 기능 수행이 가능하다.

제3장 브레인스토밍(Brainstorming)

# Got an Idea?

# 아이디어 설명서 작성

chapter 4

아이디어는 문서로 작성한다
아이디어의 시장성 점검
아이디어를 어떻게 제품으로 만들 수 있을까?

# 아이디어 설명서 작성

아이디어를 문서로 작성하면, 아이디어의 요약·정리뿐 아니라 선행(先行) 기술을 검색한다거나 아이디어의 지적 소유권을 증명하는 데도 큰 도움이 되며, 상품화의 가치가 있는지를 검토하는 데도 유용하다.

# 아이디어는 문서로 작성한다

　브레인스토밍으로 우리는 아이디어를 어느 정도 정제(整齊)함으로써 핵심 내용을 정리할 수 있었다. 그리고 해당 아이디어가 실제로 상품화를 할 가치가 있는 것인지에 대해서도 살펴보았다. 이때 주의해야 할 것은 브레인스토밍이 끝난 뒤에 얻은 결과는 2, 3페이지 정도의 증거 문서로 만들어 놓아야 한다는 점이다. 이 문서는 아이디어를 간단하게 설명하는 역할을 할 뿐만 아니라 선행(先行) 기술을 검색한다거나 훗날 아이디어의 지적 소유권을 증명하는 데도 큰 도움이 되며, 돈을 들여서 특허를 할 가치가 있는지를 검토하는 데도 유용하다.

　아이디어를 문서로 작성할 때, 첫 번째 항에는 제목을 쓴다. 이 항에는 문제의 해결점이나 새로운 제품의 발명에 대한 핵심 아이디어를 효율적으로 나타낼 수 있는 간단한 제목이 들어가야 하므로 가능한 한 명료한 문장으로 간명하게 표현하는 것이 좋다. 우리가 앞에서 살펴본 노트폰을 예로 든다면, 기능 위주의 설명보다는 '음성 전화 통화 중 필요에 따라 수기(手記)를 병용(倂用)할 수 있는 새로운 형식의 전화' 등으로 짤막하지만 읽는 사람으로 하여금 강렬한 인상을 줄 수 있는 제목이 요구된다.

두 번째 항에는 발명에 대한 간단한 설명이 필요하다. 이때 제목을 뒷받침하기 위해서는 해결할 문제나 새로운 아이디어의 개발 동기를 간단하고 명료하게 설명해야 한다. 노트폰인 경우에는 다음과 같이 표현할 수 있다.

전화로 음성 통화를 하면서 다이어그램이나 플로 차트를 이용하여 필요에 따라 송·수신을 할 수 있기 때문에 정확한 의사 전달이 가능한 새로운 모델이다. 목소리로 이야기를 나누면서도 손으로 메모를 주고받을 수 있으며, 원격지 자동 응답 메시지 전달 기능, 수신 번호 검색 기능, 스피커 폰 기능이 가능하다. 또한, 컴퓨터처럼 LCD상에 나타나는 아이콘이나 메뉴를 수행하는 기능도 향유할 수 있다.

세 번째 항에는 아이디어를 어떻게 상품으로 만들어서 문제에 접근할 것인가, 그리고 그 문제점을 어떻게 해결할 것인가를 단계적으로 기술한다. 이 경우, 다이어그램과 플로 차트 등을 사용하여 설명하면 기술하기도 편하고 듣는 사람도 쉽게 이해시킬 수 있다는 장점이 있다. 노트폰의 다이어그램은 다음과 같다.

### 노트폰 다이어그램

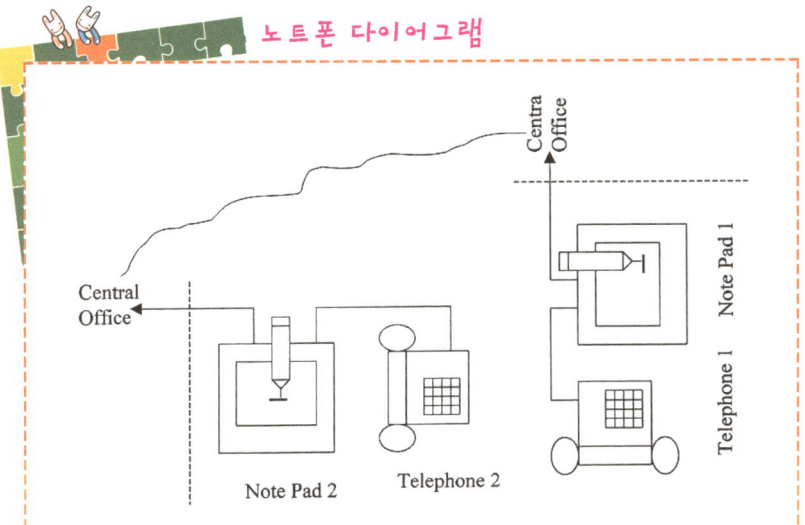

노트폰에 사용한 단계적인 기능을 정리하면 다음과 같다.

- 손으로 쓴 메모 주고받기 기능 / 노트 기능 / 채팅 기능
- SVD(Simultaneous Voice and Data)를 하나의 국선으로 통신하는 기능 / SVD 중 LCD 패널에 아이콘을 이용하여 메모하는 기능
- 원터치 발신 기능 / 주소록 검색 기능 / 발신자 번호 보기 기능 / 송·수신함 보기 기능
- 온훅(on-hook) 및 오프훅(off-hook) 때 전화국에서 주는 발신자 정보 기능 / 자동 응답기에서 음성과 동시에 수기 메모 저장과 생산 기능 / 음성 녹음 기능 / 메모 자동 응답 기능
- 스피커 폰 기능 / LCD상에 나타나는 아이콘이나 메뉴를 써서 특정 미션을 수행하는 기능 / ISP 인터넷 접속 기능

마지막 항에는 이 아이디어에서 가장 핵심이 되는 단어들을 나열한다. 이 경우, 이 아이디어로 상품을 만들었을 때, 생산성과 시장성을 어느 정도 정리해 두는 것이 중요하다.

노트폰을 예로 들어 설명해 보자. 노트폰을 제품으로 만드는 데 수백만 달러의 자본 투자가 필요하다면 만들어진 상품은 시장에서의 판매 가격이 높아지는 게 당연하므로 시장성은 낮아지게 되며 발명 가치도 떨어진다. 이런 까닭에, 발명 아이디어를 제품화한다고 할 때, 완성도 있는 상품화까지 추진할 것인지 일단 발명 특허로 만족하고 추후에 상품을 만들어서 시장에 진입할 것인지를 잘 판단해야 하는 것이다.

### 아이디어 문서 작성

1. 제목(title)
2. 해결할 문제나 새로운 기능/제품에 대한 간략한 설명(description of problem or new product)
3. 발명에 대한 간략한 개요(approach for the invention)
4. 발명에 대한 핵심어(key words)

# 아이디어의 시장성 점검

　가치성을 알아보기 위한 목적에서 증거 문서가 작성되면 브레인스토밍 팀을 다시 모으거나 다른 팀을 만들어 이 발명에 대해 테스트를 해 본 뒤, 시장성을 최종 점검하기도 한다. 이런 과정을 거쳐야만 소비자가 필요로 하지 않는 제품을 특허로 만들어 내는 잘못을 방지할 수 있기 때문이다. 이때 이전의 브레인스토밍 때와 마찬가지로 이 아이디어가 풀고자 하는 핵심 문제를 점검하고, 그것이 상품화 단계를 밟아 나간다고 할 경우, 풀어야 할 난점이 무엇인지에 대해 난상 토론을 거쳐야 한다. 그리고 이 과정에서 팀원들로부터 나오는 모든 의견들을 빠짐없이 기록해 두어야 한다. 마지막으로 발명에 대한 새로운 항목이 무엇인가를 자세히 적어야 하는데, 새 항목들은 '선행 기술 검색 후 변호사나 특허 변리사가 특허 문서에 청구하는 사항'이라는 표현을 쓰기도 한다. 이 부분은 특허로서의 지적재산을 보호하는 가장 중요한 법적 안건이라고 할 수도 있기 때문에 다른 장에서 더 자세히 다루도록 하겠다.

노트폰의 경우, 몇 차례에 걸쳐 브레인스토밍 기법을 동원하여 아이디어 점검 작업을 했다. 그 과정에서 여러 가지의 새로운 아이디어가 나왔는데, 앞에서 살펴본 선생님과 학생들 간에 수학 문제나 과학 문제를 놓고 공부할 때에 유용하다는 아이디어 말고도 다음과 같은 재미있는 발상들이 있었다.

- 전화기에 교육용 소프트웨어 기자재를 끼워서 팔 수 있지 않을까?
- 전자 바둑 또는 전자 장기 등 컴퓨터를 이용한 게임으로 활용할 수 있지 않을까?
- 의상 디자이너들 간에 서로 어떤 모양이나 형태를 놓고 업무적인 이야기를 할 때, 원활한 의사소통을 나눌 수 있지 않을까?
- 법률 전문가들이 법적인 서류를 놓고 통화할 때 유익할 수 있지 않을까?
- 의사가 처방전을 쓸 때 도움이 되지 않을까?(미국에서는 의사가 약의 처방전을 직접 약국으로 보냄)
- 모르는 행선지나 그 지역의 주변에 대하여 지도를 놓고 설명할 때 요긴하게 활용할 수 있지 않을까?

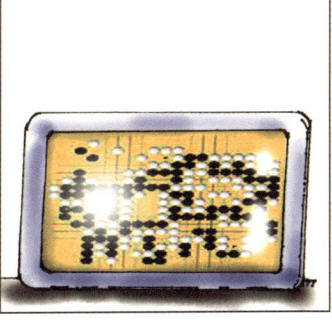

제4장 아이디어 설명서 작성 | 129

# 아이디어를 어떻게 제품으로 만들 수 있을까?

우리는 브레인스토밍 미팅을 통해 노트폰에 대해 여러 가지 아이디어를 공유하게 되었고, 이 아이디어를 놓고 하나의 결론을 향해 나아갈 수 있게 되었다. 이런 제품이 없다면 원격 통화를 할 경우, 원활한 의사소통을 나누기 어렵다는 공통된 의견을 얻게 된 것이다. 그래서 기존의 전화기를 통하여 음성과 데이터를 함께 받을 수 있는 기계가 필요하다는 확신을 갖게 되었다. 문제는 이 노트폰을 어떻게 만들어 낼 수 있느냐는 것이었는데, 이것에 대한 결론도 팀원들의 밀도 있는 협의 과정을 통해 오랜 시간이 지나지 않아 다음과 같이 정리될 수 있었다.

일반 전화기를 통해 상대방과 음성으로 통화하면서 필요에 따라 버튼을 누른다. 그러면 LCD 같은 노트 패드에 그려진 그림이나 도표 및 문자 등이 전화 선로를 통하여 송·수신된다. 이와 같은 방식을 응용하면 상대방과 원활한 의사소통을 나누는 데에서 더 나아가 여러 분야에 활용될 수 있을 것이다.

### 노트폰 프로토타입

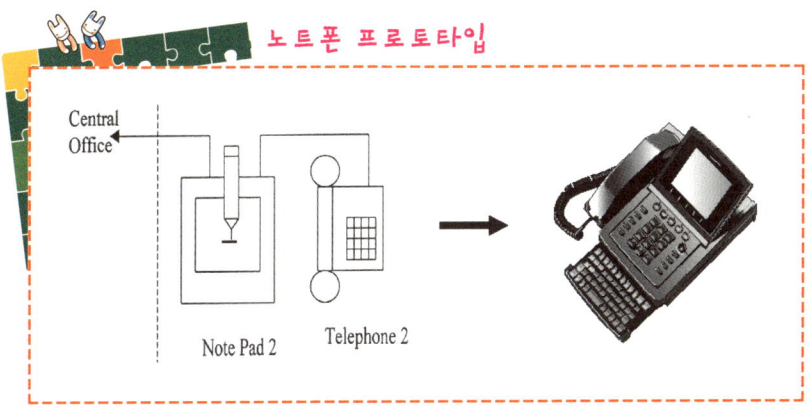

　노트폰은 화상 전송 방법 및 그 장치에 관한 것으로, 전화기를 통하여 상대방과 통화를 하면서 필요에 따라 노트캡 또는 팩스를 볼 수 있다. LCD 모니터에서 그림이나 도표를 그리면 전화선을 통해 상대방 LCD에 송·수신되게 되며, 상대방의 전화기에 설치된 모니터를 통해 다시 자신의 전화기에 송·수신되게 된다. 이 발명품은 일반 전화기의 몸체에 액정 디스플레이나 모니터, 노트 패드 등을 설치하고, 제어 버튼을 통해서 전화기 내에 전자 회로를 만들어 소정의 영상 자료를 송·수신할 수 있는 하드웨어나 소프트웨어를 연결하는 것이다. 이 과정은 다음과 같은 기능들을 모아 단계적으로 진행하면 가능하다고 판단하였다.

- 번호 및 음성 송·수신에 따른 전화 제어 기능과 이를 수여하는 기존 전화로 전송 버튼이나 동기 버튼을 작동시키는 기능
- 화면을 지우는 버튼을 이용하여 이 노트 패드에 수록되는 내용을 전송하거나 입력시켜 주는 기능

- 입력부와 전화기 본체에 설치되어 있는 펜이나 펜과 같은 디바이스(device)에 의해 그려지는 영상 화면을 전기적 신호로 만들어서 디지털 신호로 변화시킴으로써 마이크로프로세스를 통해 메모리에 담을 수 있는 스캐닝 기능

- 전반적인 제어 기능을 담당하는 마이크로프로세스와 그 프로그램과 연결되어 상대방과 송·수신할 수 있도록 하는 프로토콜 기능

- 제어 신호를 받아서 견적조기 회로로 구동시켜 영상 신호가 송·수신되는 컨트롤 디바이스와 모니터 기능

# 발명 아이디어 설명서(Invention Idea Proposal)

**제목(title)** 노트폰 : 음성 전화 통화 중 필요에 따라 수기(hand writing)를 서로 주고받을 수 있는 새로운 전화

**해결할 문제나 새로운 기능/제품에 대한 간략한 설명(description of problem or new product)**
노트폰은 화상 전송 방법 및 그 장치에 관한 것으로, 전화기를 통하여 상대방과 통화를 하면서 필요에 따라 LCD나 팩스에 쓴 도표나 다이어그램을 서로 볼 수 있다. 이러한 LCD에서 그림이나 도표 그리고 문자를 서로 전화선을 통해 송·수신할 수 있도록 하여 상대방의 전화기에 설치된 모니터를 통해 송수신이 이루어지도록 하므로 상대방과의 의사소통이 더욱 정확하게 이루어지게 한다. 동시에 화상을 주고받으며 송신하는 화상 전송 방법과 그 장치에 관한 것이다.

**발명에 대한 간략한 개요(approach for the invention)**

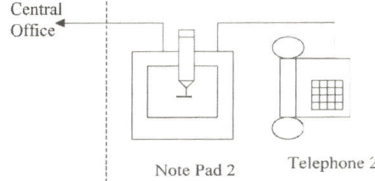

**새로운 기능**
- 음성 통화를 하면서 동시에 수기 메모(writing memo)를 받는다.
- 수천 개의 전화번호를 저장할 수 있으며, 검색하며 원터치(one touch)로 발신 가능
- 온훅(on-hook) 및 오프훅(off-hook) 시 전화국에서 주는 발신자 정보를 받을 수 있어야 함.
- 자동 응답기에서 음성과 동시에 수기 메모 저장과 생산 가능
- 원격지 자동 응답 메시지, 수신 번호 검색 기능
- 스피커 폰(speaker phone) 기능
- LCD상에 나타나는 아이콘(icon)이나 메뉴를 써서 수행 가능

**청구 사항**
- 수기 메모 주고받기(writing memo) 기능
- 노트 기능, 채팅 기능을 SVD(Simultaneous Voice and Data)를 한 국선 통신으로 하는 기능과 SVD 중 LCD 패널에 아이콘을 이용해 메모 기능 입력
- 원터치(one touch) 발신 다이얼링(dialing) 기능
- 주소록, 발신자 번호 보기, 송신함·수신함 보기와 자동 메시지 응답 기능

**발명에 대한 핵심어(key words)**
노트폰, 메시지 폰, 노트 패드, 자동 음성 메시지, SVD

# Got an Idea?

# 05 chapter

# 선행 특허 조사

특허를 내기 전에 해야 할 일
선행 특허 살펴보기
검색을 시작해 보자
선행 특허에 대한 기술 정보
내 아이디어 특허의 가치를 측정해 보자
노트폰의 선행 특허 기술 조사 예
진정한 발명가의 길

# 선행 특허 조사

특허를 하기 전에 비슷한 아이디어가 다른 사람들에 의해서 신청이 되어 있는지를 알기 위해서 하는 조사를 선행 특허 Prior Art 조사라고 한다. 이 조사를 통해 자신이 내고자 하는 특허를 보충시키거나 개선시킬 수도 있으며 장점을 융합시켜 시너지 Synergy 효과를 얻어낼 수도 있다.

# 특허를 내기 전에 해야 할 일

우리는 앞에서 발명에 대한 아이디어의 형성과 그것을 어떻게 문서화하는지 살펴보았다. 그리고 여기에서 더 나아가 브레인스토밍 기법을 동원하여 아이디어가 특허로 옮겨가는 과정도 배웠다. 이러한 종합적인 과정을 통하여 아이디어를 더 명확하게 할 수 있고, 시장성이 어느 정도 되는지도 파악할 수 있으며, 특허를 내기 위한 기초 작업이라고 할 수 있는 청구 사항에 대해서도 이해할 수 있었다. 하지만 이때, 특허를 하기 전에 비슷한 아이디어가 다른 사람들에 의해서 신청이 되어 있는지를 먼저 알아야 한다. 이를 알기 위해서 하는 조사를 선행 특허(기술)**Prior Art** 조사라고 한다.

이는 해당 아이디어로 만들어지는 발명이 실질적으로 유효한 것인지를 파악하는 것으로, 사람이라면 누구나 문제에 대한 해결 의지를 공유하기 때문에 얼마든지 특허에 대해 비슷한 생각을 할 수 있기 때문이다. 특허를 변호사나 변리사를 통해 특허청에 등록하려면 적지 않은 경비가 지출된다. 이런 까닭에 소요성 경비가 들어가기 전에 특허를 내려는 아이디어와 비슷한 것이 있는지 조사할 필요가 있다. 또한, 이런 조사 항

목과 조사 내용을 특허 출원서에 기술해 두어야 한다. 막상 선행 특허 조사를 해보면 비슷비슷한 아이디어들이 무척 많이 제시되어 있다는 데 놀랄 사람이 많을 것이다.

하지만 선행 특허 조사를 한다는 것은 말처럼 쉬운 일이 아니다. 자세히 조사하려고 하면 당연히 시간이 많이 필요하며, 자기 자신이 할 수 없어서 전문가를 통해 조사를 한다면 훨씬 자세한 결과를 얻어 낼 수는 있지만 돈이 들어가야 한다. 또한, 이 과정에서 기밀이 새어 나갈 수도 있기 때문에 믿을 만한 회사나 전문 집단을 이용하는 게 바람직하다. 대개는 특허 변호사를 만나기 전에 비용이나 시간을 줄이기 위해서 일단은 자신이 선행 특허 조사를 하는 경우가 많다.

### 선행 특허 조사

- 선행 특허 또는 선행 기술(최첨단 기술(state of the art)의 현재 상태) 조사는 특허법에 적용해서 현재에 나와 있는 모든 기술 정보를 살펴보고 특허 청구 항목(patent claims)이 진품(originality)인 것을 증명하기 위해 검색하는 것이다. 만약 특허를 내기 위한 아이디어 정보가 이미 나와 있으면 발명 특허를 허락하지 않게 되어 있다.

# 선행 특허 살펴보기

    비슷한 특허가 나와 있다고 하더라도 그것을 집중적으로 검토해 봄으로써 자신이 내고자 하는 특허를 보충하거나 개선할 수도 있으므로 이를 나쁘게만 생각할 필요는 없다. 두 개의 아이디어가 똑같지만 않다면 서로의 장점을 융합시켜 시너지 효과를 얻어 낼 수도 있기 때문이다.

    선행 특허는 특허청의 웹 사이트나 구글, 또는 델피온 **delphion** 같은 특허 검색 사이트에서 쉽게 확인해 볼 수 있다. 이러한 과정을 통해서 어떤 아이디어가 언제, 어떻게, 누구에 의해서 세상에 발표된 것인지 알 수 있다. 특허 청구 요건에 대해서는 더욱 면밀하게 살펴볼 필요가 있다. 누가 어떤 것을 가지고 어떤 특허 청구를 요구했느냐에 따라서 그 특허를 신청할 수 있는가가 결정되기 때문이다.

    그러나 선행 특허에 의해서 자신이 가지고 있는 발명 아이디어가 다른 사람에 의해 특허로 등록되었다 하더라도 실망할 필요는 없다. 그 특허를 자세히 살펴봄으로써 본인이 가지고 있는 아이디어를 확장하여 새로운 아이디어로 발전시킬 수 있고, 등록된 청구 범위를 벗어난 형태로 새로운 특허를 신청할 수도 있기 때문이다.

선행 특허 조사를 하려면 다음과 같은 여러 분야의 검색 사이트를 폭넓게 활용하는 것이 좋은데, 이러한 사이트에는 기술지 또는 전문 서적 등의 관련 콘텐츠가 풍부하게 담겨 있다.

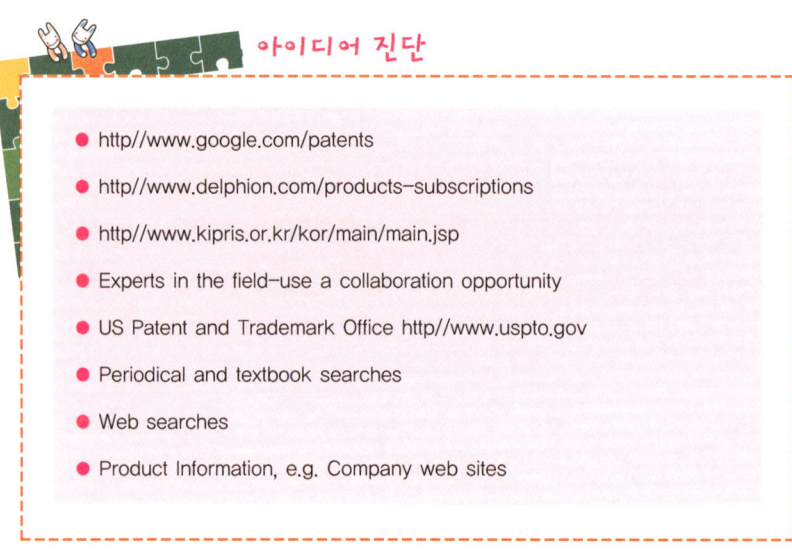

**아이디어 진단**

- http//www.google.com/patents
- http//www.delphion.com/products-subscriptions
- http//www.kipris.or.kr/kor/main/main.jsp
- Experts in the field-use a collaboration opportunity
- US Patent and Trademark Office http//www.uspto.gov
- Periodical and textbook searches
- Web searches
- Product Information, e.g. Company web sites

다음은 델피온을 이용하여 'processor core test' 선행 특허 조사를 한 검색 결과이다.

## 델피온 검색 결과

어떤 제품에 대해서는 그 제품을 만든 회사의 웹 사이트에 직접 들어가 관련 내용을 검색해 봄으로써 그 제품의 기술 상태나 생산량, 시장 점유율과 품질 관리 기법 등을 파악할 수 있다.

다음은 제너럴 일렉트릭 GE 가전 제품의 웹 사이트이다. GE 제품을 자세히 소개하고 있어 제품의 기능을 알 수 있다. 때로는 기술서 같은 기술 정보를 얻을 수 있다.

### GE 웹 사이트

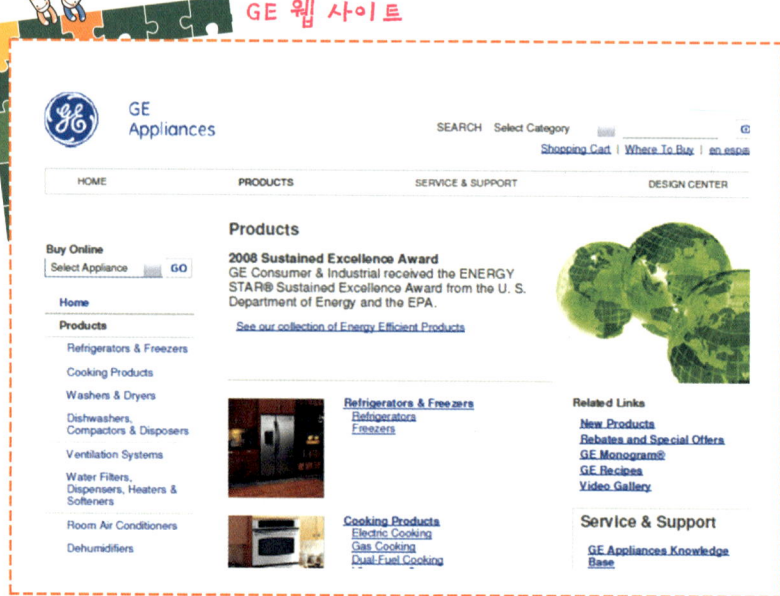

▶GE 가전 제품의 웹 사이트. GE 제품을 자세히 소개하고 있어 제품의 기능을 알 수 있다. 때로는 기술서 같은 기술 정보를 얻을 수도 있다.

# 검색을 시작해 보자

검색을 시작할 때, 한두 가지의 서치 엔진 search engine을 통해 핵심어 key word를 사용하여 검색한다. 즉, 검색 사이트로 들어가서 4장의 설명서에 작성한 맨 마지막 부분의 핵심어를 검색창에 집어넣은 뒤, 검색을 시작한다.

| 검색 방법 …… | 이런 식으로 …… |
|---|---|
| 용어나 문구 사용 | Quick 검색 폐지 |
| 특허 번호 | 특허 번호 검색 폐지 |
| 용어나 문구 사용을 사용한 불리안 검색 방법 | Boolean Text Search 검색 폐지 |
| AND를 이용하여 용어나 문구를 지어서 하는 검색 방법 | Advanced 검색 폐지 |
| 세계 공통 특허 분류(IPC) | 세계 공통 특허 분류에 의한 검색 |
| 특허 분류 | 특허 분류 검색 |
| 불리안 검색 방을 사용한 더원트 분류 | 불리안 검색 방을 사용한 더원트 분류 방식 |

일단 검색을 시작해 보면 검색 히트 리스트 hit list가 나온다. 히트 리스트는 적어도 백여 개가 나오는 것이 보통인데, 여기에서 우선 특허의 제목과 요약, 발명 개요를 읽어 보면서 그 특허가 본인이 가지고 있는 아이디어와 어떻게 연결이 되는가를 어느 정도 파악할 수 있다. 특히 그 중에서도 자신의 생각과 밀접하게 연관되는 목록이라면 더욱 집중해서 자세히 읽어 보아야 한다.

히트 리스트에 보면 관련 항목 relate article이라는 내용이 있는데, 그것을 읽어 나가면서 계속 따라가 보는 것도 괜찮다. 자신이 생각하고 있는 아이디어와 관련되는 서너 개의 선행 특허를 따라가 보면서 특징적인 연관점은 무엇인지 조사해 보는 것이다. 그리고 그것을 하나씩 나열시켜 보고, 비슷한 것이 있다면 자세한 내용을 메모해 두거나 자료를 따로 보

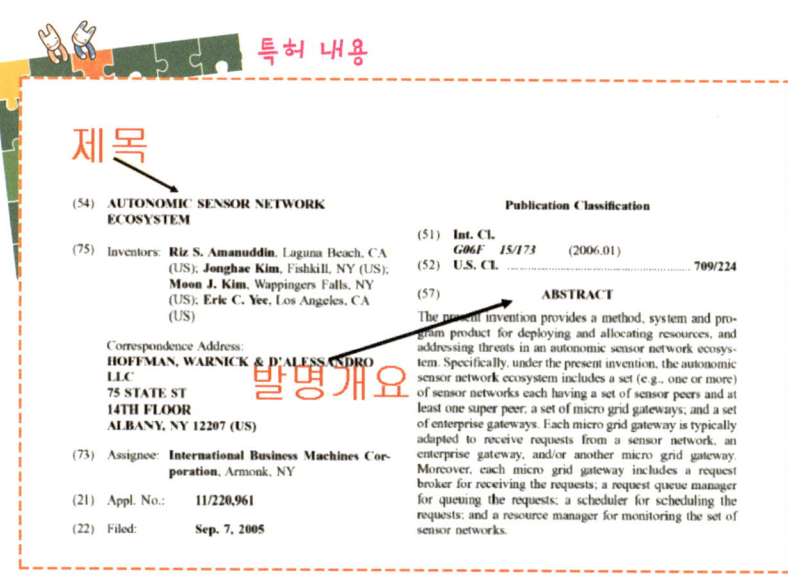

관해 두는 것이 좋다. 또 이러한 내용을 해당 분야의 전문가에게 의뢰하여 그의 견해를 자세히 들어보는 것도 바람직하다. 전문가의 견해를 발판으로 자신의 아이디어를 특허안으로 더욱 더 확고하게 만들 수도 있고, 선행 특허 기술의 영역을 뛰어넘어서 더욱 좋게 발전시킬 수도 있다.

# 선행 특허에 대한 기술 정보

선행 특허에 대한 기술 조사는 이러한 의미에서 특허 과정에 더욱 큰 비중을 두고 있다. 다음은 특정한 선행 특허 기술을 조사한 뒤, 그것과의 연관성 여부를 요약적으로 정리해 놓은 것이다.

백그라운드 게이트 back gate는 잘 알려진 선행 기술로 FET의 전압과 유출 전기를 제어하기 위해 쓰여지며, 다음 선행 특허와 다른 점을 기술한다.

이 발명은 다음과 같은 특징이 있다.
- 이 설계는 고성능 기능이 있다.
- 이 설계는 성능이 좋은 슬립(sleep) 기능과 고성능의 웨이크 업(wake up) 기능의 두 가지가 있다.
- 이 설계는 고성능 기능을 발휘하는 데 충분하다.

● 관련 선행 기술

▶ US 6,404,239
이 특허는 변화성 resistor와 VDD-GND를 이용하여 전력 소모를 제어하는 특허로, 두 번째 방법으로 백그라운드 게이트 설계를 언급하고 있다. 우리의 특허 설계는 고성능 기능에 관한 것으로 이 특허와는 관계가 없다.

▶ US 5,821,769
이 특허는 새로운 MOSFET로 FET 기능을 더 좋게 하는 특허로, 이 특허와는 관계가 없다. 우리의 특허 설계는 고성능 기능에 관한 것으로 이 특허와는 관계가 없다.

▶ US 7,039,818
이 특허는 SRAM을 같은 전력을 사용해서 슬립 모드(sleep mode)로 변하게 하는 특허이며, 슬립(sleep) 기능과 웨이크 업(wake up) 기능의 특허와는 관계가 없다.

이러한 선행 특허에 대한 기술 정보는 특허 청구서에 본 특허와 선행 특허로 본문에 기술되는데, 선행 특허 기술과 비교할 수 있는 유용한 정보로 쓰일 뿐만 아니라 나중에 특허를 사용할 때에도 도움이 된다.

# 내 아이디어 특허의
## 가치를 측정해 보자

한편 선행 특허에 대한 기술을 조사하는 것과 동시에 이 발명이 과연 얼마 만큼의 가치가 있는지를 알아보는 것도 필요하다. 모든 아이디어는 특허를 제출하기까지 특허 전문가에게 경비가 들어가야 하므로 특허를 내고자 하는 발명안이 과연 시장성이 있는지를 면밀하게 파악해야 한다. 이를 '특허 가치 측정'이라는 말로 정의할 수 있겠다.

특허를 내고자 하는 발명 아이디어가 문제를 해결하는 유일하고도 핵심적인 것인지, 이 기술을 이용하여 제품을 만든다면 앞으로 시장은 얼마나 확대될 수 있는 것인지, 상품을 생산하는 데 또 다른 애로 사항은 나타나지 않을 것인지 잘 판

단해야 한다. 이때 전문가들을 통해 핵심 아이디어에 대한 상품 정보와 시장 정보를 얻는 방법으로 특허의 가치를 측정할 수도 있지만, 때로는 그 방면에서 은퇴한 전문가나 대학이나 전문 연구 기관, 정부 단체 등 공공 기관의 도서실 등에서 자료를 구해 보는 것도 바람직하다. 이러한 조사가 끝나야 특허를 내고자 하는 발명 아이디어가 어느 정도의 가치를 지니고 있는지를 정확하게 알 수 있게 되는 것이다.

미국의 경우, 발명가가 수익에 관심이 없을 때에는 **SIR(Statutory Invention Registration)**을 이용하여 특허청에 신청을 할 수 있는데, 이렇게 되면 모든 사람이 골고루 쓸 수 있도록 특허 사용료를 저렴하게 운용함으로써 높은 사회 공헌도를 유지할 수 있다. 또한, 이 제도는 발명가를 제외하고는 어느 누구도 특허를 내지 못하도록 막을 수 있다는 장점이 있다.

# 노트폰의
## 선행 특허 기술 조사 예

노트폰의 경우에 해당하는, 선행 특허 기술에 대한 조사의 예를 설명해 보겠다. 핵심어로 사용한 것은 데이터data, 음성, 트랜스미션 transmission, 통신communication, 전화기, 비디오폰vidio phone이었는데, 검색 사이트에 등록된 것은 다섯 건이었다. 그중 JP-61,266,459는 일본의 MTT에서 터치폰touch phone을 부착한 전화기라는 특허였는데, 이 특허의 요지는 손으로 메모를 하거나 오디오로 기록할 수 있는, 통신 기능 외에 부가 기능이 덧붙은 전화기라는 점이었다. 종래의 경우에는 문자나 메모를 기록하거나 상대방에 송신하는 것만 가능했을 뿐이었고, 메모 송신의 경우에도 한정된 문자만 취급할 수 있었던 점에 비추어 보면 획기적인 특허라고 할 수 있었다.

한편, JP-63,151,168 특허는 코머스 세사키오 회사에서 출원한 것으로, 전화 터미널 장치와 음성 및 화상 통신이 가능한 기술이었다. 이 특허의 요지는 음성으로 변형시켜 문자나 도형 등의 화상 정보를 동시에 교신할 수 있는 화상 장치의 소형화라고 할 수 있다. 즉, 입력상의 불편 등의 문제를 해결하기 위해 입력 수단으로 광 위치의 검출에 따라 정보를 확인하게 만든 기술이었다.

 위의 두 개의 선행 특허 기술을 중심으로 핵심 내용을 분석한 결과, 쌍방향 의사소통을 주고받는다는 점에서는 유사점이 있었지만, 이것은 개념에 대한 정의에 가까워 실제 기술로 구현되기도 쉽지 않고, 특히 노트폰에서 추구하는 기술과는 관점 자체가 다르다는 결론을 얻었다. 음성과 데이터를 동시에 보내고 받을 수 있는 실시간 의사소통real time communication과는 거리가 멀었기 때문이다. 오히려 몇 가지의 선행 특허 기술을 조사하면서 음성 통화를 할 때, 필요에 따라 소정의 버튼을 눌러 도표나 문자 등을 전화선을 통해 직접 송·수신을 가능하게 하는 등의 노트폰에 대한 여러 가지 부수 기능들을 추가하는 데 요긴한 정보를 얻어낼 수 있었다.

## USPTO 'note phone' 검색 결과의 예

### USPTO Patent Full-Text and Image Database

[Home] [Quick] [Advanced] [Pat Num] [Help]
[Next List] [Bottom] [View Cart]

*Searching US Patent Collection...*

**Results of Search in US Patent Collection db for:**
"**note phone**": 68 patents.
Hits 1 through 50 out of 68

[Final 18 Hits]

[Jump To]

[Refine Search] "note phone"

| PAT. NO. | | Title |
|---|---|---|
| 1 | 7,499,538 | **T** Telephone for searching memory content using a simple user operation |
| 2 | 7,498,504 | **T** Cellular automata music generator |
| 3 | 7,490,169 | **T** Providing a presentation on a network having a plurality of synchronized media types |
| 4 | 7,469,047 | **T** Integrated ACD and IVR scripting for call center tracking of calls |
| 5 | 7,461,152 | **T** Apparatus and method for sharing a shared resource across logical partitions or systems |
| 6 | 7,441,031 | **T** System using registration information set by a user to allow other users to access updated portion of contact information of the user |
| 7 | 7,440,897 | **T** Method and system for automatically detecting morphemes in a task classification system using lattices |
| 8 | 7,437,168 | **T** Method and apparatus for controlling a quiet zone for wireless units |
| 9 | 7,424,306 | **T** Apparatus for temporarily storing phone numbers and short messages |
| 10 | 7,412,533 | **T** Providing a presentation on a network having a plurality of synchronized media types |
| 11 | 7,386,279 | **T** Context based main screen for mobile device |
| 12 | 7,366,683 | **T** Methods and apparatuses for offline selection of pay-per-call advertisers |
| 13 | 7,321,298 | **T** Skills based routing method and system for call center |
| 14 | 7,286,984 | **T** Method and system for automatically detecting morphemes in a task classification system using lattices |
| 15 | 7,277,701 | **T** Method for automatic selection of configuration profile to mobile phone |
| 16 | 7,254,541 | **T** Systems and methods for providing users with information in audible form |
| 17 | 7,253,732 | **T** Home intrusion confrontation avoidance system |

# 진정한 **발명가**의 길

    이쯤 해서 우리는 훌륭한 발명가가 되었다고 할 수 있다. 이제는 이 발명 아이디어를 문서로 만들어 특허청에 신고만 하면 된다. 특허 청구서를 쓰는 것은 특허 변호사나 변리사 등의 전문가에게 의뢰하는 것이 특허 기술을 보호하는 데 유리하다. 일반인들은 특허법의 전문가가 아니기 때문에 특허법을 적용하기 어렵다. 특허 청구서에 쓰는 용어에 따라 청구 범위가 달라지기 때문에 법률 용어를 정확하게 기술할 필요가 있는데, 특허 제출 절차에 관해서는 다음 장에서 자세하게 살펴보도록 하겠다. 다만 여기에서는 발명가로서 유의해야 할 몇 가지 사항에 대해서만 정리해 보도록 하자.

    우리는 늘 발명가가 되기 위해 일상생활에서 부딪히게 되는 수많은 문제 상황에 지속적인 관심을 기울여야 한다. 그러기 위해서는 문제를 해결하려는 연습을 꾸준히 습관적으로 반복해야 한다. 문제를 보면서도 으레 그런 것이려니 여겨서는 안 되며, 왜 이 문제는 해결이 되지 않는 것인지 호기심을 가져야 한다. 또한, 자기 자신이 스스로 만족할 수 있을 때까지 문제 속으로 파고들어야 한다. 왜$^{why}$라는 단어 뒤에 어떻게

how라는 단어가 연결되는 것이므로 문제에 대해 계속 생각하다 보면 어느 순간 머릿속에 해결책이 떠오르게 된다.

가끔은 엉뚱한 생각이 필요할 때도 있다. 친구들이나 동료들과 잡담을 하다가 중요한 아이디어를 떠올리게 되는 것도 편한 자리가 가지고 있는 비공식성과 독창적인 창의성과 참신함이 밀접한 관련이 있기 때문이다. 아무리 사소한 아이디어라도 반드시 기록해 두어야 하며, 문제를 발견했다면 인내심을 가지고 그것에 대한 해결책을 찾아보려는 부지런함을 갖추어야 한다.

어떤 상황에서든 문제가 생겼을 경우에는 핵심 내용을 명료하게 정리해 놓은 뒤, 열심히 해결책을 생각해야 한다. 문제는 하루아침에 해결되는 것이 아니다. "인내하는 고통은 쓰지만 그 결실은 달다."는 진리처럼 꾸준히 노력하다 보면 언젠가는 좋은 아이디어로 발전하게 될 것이다.

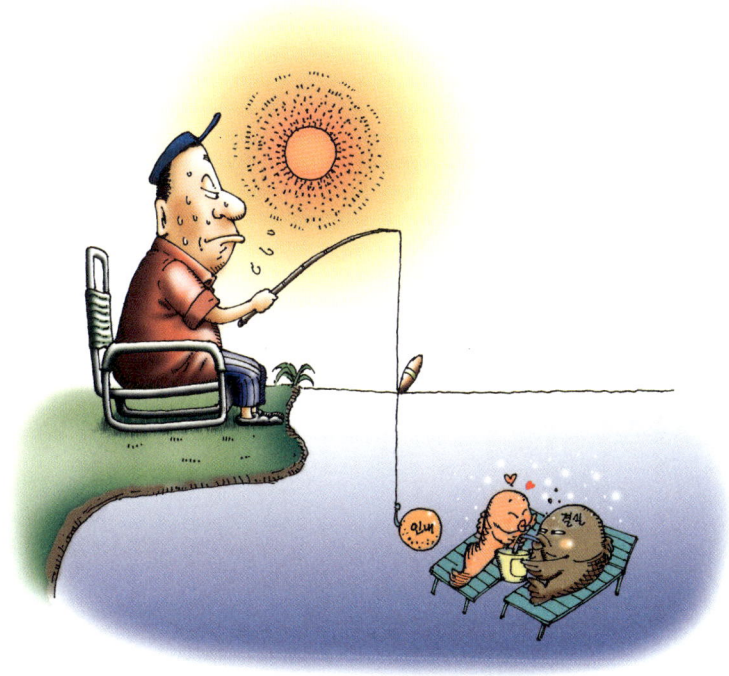

# chapter 6
# 특허의 신청

- 모제품(proto type) 만들기
- 특허 출원서 작성
- 특허 청구서 작성
- 아이디어의 제품화에 대한 재검토
- 특허를 얻는 일에는 인내가 필요하다
- 특허의 판매와 거래 그리고 창업
- 노트폰의 특허 청구서

# 특허의 신청

특허를 얻어 내는 일은 그리 쉽지 않다. 특허 심사 과정에서 특허청 심사관이 보충 자료를 요구하기도 하고, 특허 청구 사항에서 몇 구절, 심지어는 특허 전체를 거절할 때도 있다. 그리고는 언제까지 답변**office action**을 하라고 지시한다. 이것은 심사관이 특허를 더 잘 이해하기 위해 더 자료를 원하는 것으로, 흔히 있는 일이기 때문에 실망할 필요가 없다.

# 모제품(proto type) 만들기

우리는 브레인스토밍 기법과 발명 아이디어의 설명서, 그리고 선행 특허 기술에 대한 조사를 통해 아이디어를 발명으로 만드는 과정에 대해서 살펴보았다. 이번 장에서는 발명을 특허로 신청하는 절차에 대해서 공부해 보도록 하자. 먼저 발명을 특허로 발전시키기 위해서 어떤 자세가 필요한지부터 알아보자.

우리가 앞에서 살핀 브레인스토밍 미팅은 발명하고자 하는 핵심 아이디어를 특허로 제출할 수 있도록 준비하는 단계라고 할 수 있다. 이를 거쳐서 아이디어가 발명 특허로 가능한 것으로 판단되면 모제품 **proto type**을 만들 것인지 결정해야 한다. 이것을 만드는 이유는 발명 아이디어가 진짜로 작동하는 것인지 확인해 보아야 하기 때문이다. 이 일을 개념 증명

**proof of concept** 이라고 부른다.

  특허를 등록하는 과정에서 반드시 모제품을 만들어야 하는 것은 아니다. 발명 아이디어가 어떻게 기능하는지 논리적으로 기술하여 특허로 신청하면 충분하다. 하지만 발명 아이디어를 사업으로 시작해 보고 싶은 사람들에게는 특허를 추진하는 동시에 모제품을 개발하는 것이 매우 중요한 과제라고 할 수 있다.

# 특허 출원서 작성

특허를 제출할 때에는 특허 전문가(변호사, 변리사)에게 의뢰하여 특허 문서를 작성하는 것이 일반적이다. 이때 가장 중요한 일이 특허 출원서를 작성하는 일이다. 모든 절차를 특허 전문가에게 맡길 수도 있지만, 이럴 경우 특허 출원서를 작성하는 데 시간이 많이 걸리는데다가 발명 아이디어에 대해 전문가가 발명가만큼 잘 알고 있지 못하기 때문에 특허 기술에 대한 자세한 기술서를 준비해 놓을 필요가 있다. 이 기술서가 잘 준비되어 있으면 전문가에게 들어가는 경비도 줄일 수 있고, 특허 기술 자체도 발명가의 의견이 충분히 반영되기 때문에 더 가치 있고 내실 있는 특허로 보호받을 수 있다. 다음은 특허 전문가와 상담하기 전에 특허를 내고자 하는 발명 아이디어에 대한 필요 정보를 정리해 놓은 특허 기술 설명서의 예이다.

 특허 기술 설명서

## 특허 설명서

제목(title)

특허 배경(background) : 한 절 정도로 도표 포함

특허 요약(summary)

특허 설명(description) : 발명이 어떻게 작동하는지(차트나 도표 포함)

선행 기술 조사(prior art review) : 선행 조사 결과와 발명과의 다른점

새로운 기술(nevelty) : 특허 청구 사항에 쓸 수 있는 새로운 발명 품목

이 설명서가 준비되면 특허 변호사나 변리사를 통해 특허를 출원하는 절차를 시작한다. 전문가에게 의뢰하여 특허 출원서를 작성하는 것은 특허법의 내용을 잘 아는 사람이라야만 발명 특허를 최대한 보장받을 수 있기 때문이다. 이를 위해서 특허 전문가들은 법률 용어를 사용하여 특허 기술에 대한 법적 청구 사항을 확고하게 해 둔다. 특허 사무실을 이용할 때에는 명성과 신용이 있는 전문 회사를 우선적으로 선택해야 하는데, 이 경우 미리 그들의 실적을 조사해 볼 수도 있겠다.

특허법 전문가들과 특허 기술 출원에 대한 협의를 할 때, 다음과 같이 몇 가지 유의해야 할 사항이 있다.

- 특허 출원서 제출부터 특허 신청까지 전체 경비가 어느 정도 드는가?
- 특허 기술에 대한 비밀 보안은 확실한가?
- 특허 출원 후 특허청과의 모든 행정 업무를 끝까지 완수해 주는가?

위의 내용에서 특허 비용과 연관되는 부분은 나중에 말썽의 소지가 생기기 쉬우므로 미리 문서로 기록해 둘 필요가 있다.

# 특허
## 청구서 작성

특허법은 그 내용이 워낙 복잡하고 다양하기 때문에 특허 청구서를 쓰는 일이 무척 힘들다. 특허를 내고자 하는 아이디어가 아무리 훌륭하다고 하더라도 법적 청구 부분을 잘못 기술할 경우, 특허로서의 보호를 제대로 받지 못할 수도 있다. 물론 특허 전문가가 아니라 일반 개인이 특허 청구서를 쓸 수 없는 것은 아니다. 하지만 특허를 내고자 하는 기술 사항을 담은 서류의 최종 점검은 전문가에게 맡겨서 의견을 듣는 것이 현명하다. 한편, 특허는 발명가 patent owner나 수탁자 assignee에게 허가가 나오게 되며, 출원 서류에는 다음과 같은 항목이 포함된다.

- 발명가의 이름 : 특허를 내고자 하는 핵심 기술의 발명가 이름이 없으면 그 특허는 무효가 됨. 이때, 특허 변호사는 발명에 따른 적절한 발명가의 이름을 필요에 의해 조정하거나 변경할 수 있음.
- 요약서 : 발명하고자 하는 기술 내용을 쉽게 파악할 수 있도록 정리해 놓은 문서로, 검색자가 특허 발명을 위해 꼭 알아야 하는 정보를 정확하고 신속하게 얻을 수 있도록 하는 데 목적이 있음.

- 도면 : 도면 명세서에 첨부하여 기재되는 경우가 일반적이며, 특허를 내고자 하는 기술을 그림으로 설명한 것임.
- 도면 명세서 : 도면의 종류, 도시(圖示) 상태, 도시(圖示) 부분에 간단한 설명을 요약해 놓은 기본 문서임.

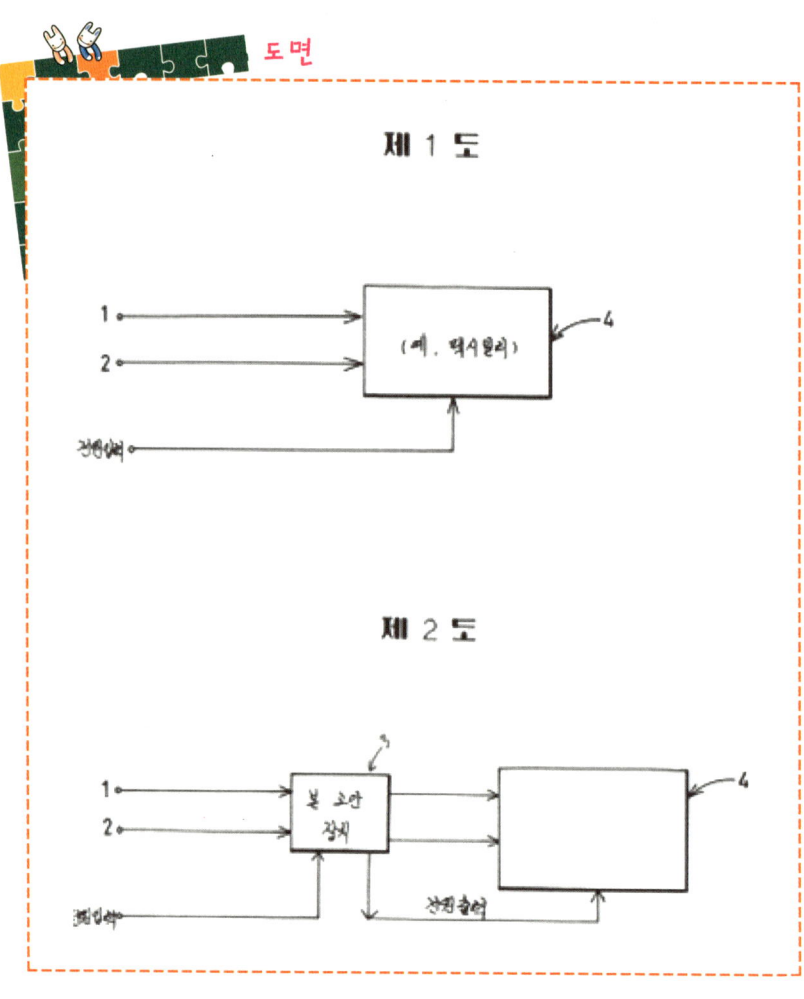

- 기술 설명서 : 특허를 내고자 하는 발명 아이디어의 내용을 상세하게 기재해 놓은 핵심 문서로, 특허 출원 서류 중 가장 중요한 것임. 실질적으로 특허에 대한 청구 사항을 뒷받침하는 기초가 됨.
- 청구 사항 : 특허로서 보호되는 보호 범위적 기능과 특허가 인정되는 구성 요건적 기능을 수행하는 것으로, 특허 청구서 중 가장 어려운 분야라고 할 수 있음.

## 청구 범위

~~~
4. 특허 청구의 범위

   1. 음성 및 메시지정보를 송수신하는 음성 및 메시지정보 송수신용
   통신기기에서 음성모드를 메시지모드로 또는 메시지모드를 음성모드로
   절환시키는 음성 및 메시지정보 송수신용 통신기기의 모드절환방법에
   있어서,

   상기 음성모드에서 메시지송신이 필요할 경우 메시지를 송신하고자
   하는 제1통신기기에서 소정의 모드절환신호가 발생되는 단계와,

   상기 제1통신기기에서 발생된 상기 모드절환신호에 의해 상기
   제1통신기기 자신이 음성모드상태에서 메시지모드상태로 절환되는
   단계와,

   상기 모드절환신호가 상기 메시지정보를 수신할 제2통신기기에
   송신되는 단계와,

   상기 모드절환신호를 수신한 상기 제2통신기기가 음성모드상태에서
   메시지모드상태로 절환되는 단계와,

   상기 제1,2통신기기가 상기 메시지정보를 송수신하는 단계와,

   상기 제1,2통신기기간에 상기 메시지정보의 송수신이 종료되면,
   상기 제1,2통신기기가 소정의 메시지통신완료 프로토콜을 교환한 후
~~~

● 요약 노트 : 발명 과정에서 구체적인 형태로 발명 아이디어의 구조가 완성되는 단계의 문서로, '사실상의 발명의 완성'과 '추정상의 발명의 완성'이라는 두 가지 체계가 있음. 사실상의 발명은 제품(상품)의 물리적 구조나 방법의 절차가 발명가가 원래 의도한 목적대로 큰 차질 없이 작동할 수 있게 된 경우를 말하며, 추정상의 발명은 특허 출원 절차가 마무리된 경우를 의미함.

# 아이디어의 제품화에 대한 재검토

　전문가에 의해서 특허 출원 준비가 끝나면 몇 차례에 걸쳐 발명가의 재검토가 필요하다. 핵심 아이디어가 제대로 기술(技術)로서의 제품화가 되었는지 판단해 보아야 하기 때문이다. 하나의 특허 출원서가 완성되기까지는 특허 전문가와 발명가 사이에 특허 내용을 가지고 몇 차례의 논의가 진행되게 마련이다. 이 단계를 거쳐 핵심 발명 아이디어에 대한 특허 출원서가 확정되면 특허청에 특허 기술을 청구한다. 특허청에서는 특허 출원서 신청이 완료되면 특허 검사관을 배정하고 특허 심사를 진행하게 된다.

출원서

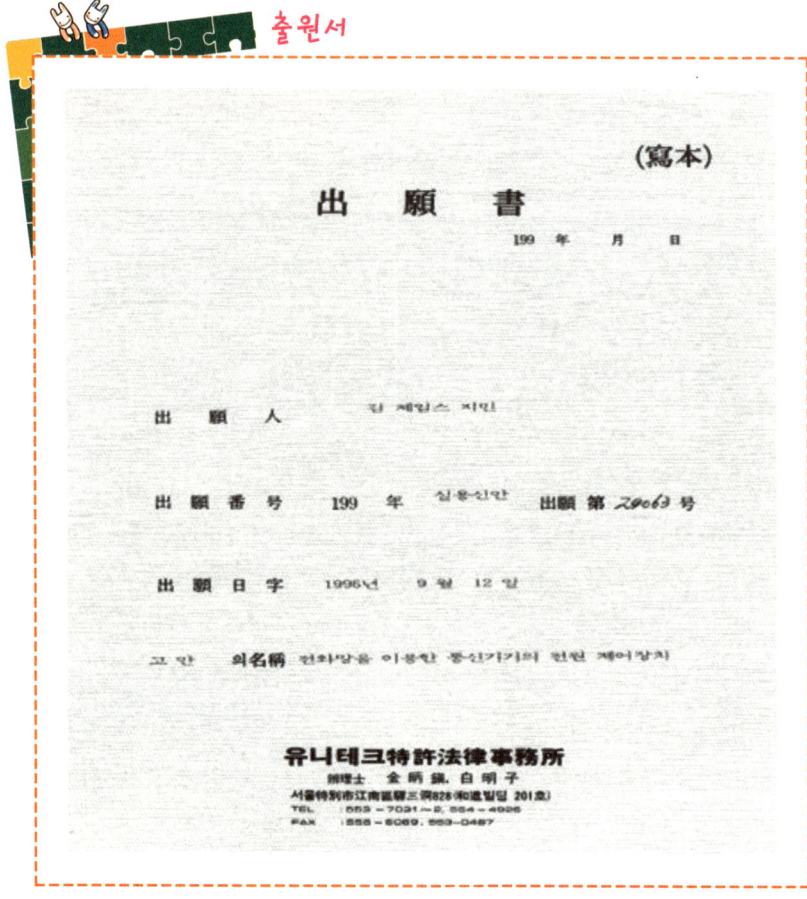

　특허 신청서가 제출되었다고 해서 특허청이 이를 모두 수용하여 특허 기술로 인정하는 것은 아니다. 이미 특허가 나와 있다고 판단되거나 특허를 낼 만한 항목이나 기술이 아니라고 여기면 특허청은 이를 거절할 수 있다. 또 특허청에서 여러 가지 보조 자료를 일정한 기간 안에 제출하라고 요청할 수도 있으므로 특허 신청서를 제출한 뒤에도 특허 사무실과 긴밀한 연락 체계를 갖추어 두어야 한다.

# 특허를 얻는 일에는 인내가 필요하다

특허청에서 관련 서류를 심사한 뒤, 이를 특허 기술로 인정할 수 없다고 거절하더라도 당황해할 필요는 없다. 이러한 일은 특허 기술을 허가받는 과정에서 그야말로 다반사(茶飯事)로 겪게 되며, 일희일비(一喜一悲)할 만큼 의미 있는 사건이 아니기 때문이다. 일단 거절을 당했다면 수용이 거부된 청구 사항(범위)을 전문가와 상담하여 이를 반증할 만한 자료를 찾아 특허청에 재심을 요청한다.

특허를 얻어 내는 일은 말처럼 쉽지 않다. 이 지난(至難)한 과정에서 무엇보다도 필요한 덕목이 바로 '인내'이다. 특허를 획득하는 과정에서 특허청의 거절을 몇 차례나 받는 경우도 많기 때문에 결코 실망해서는 안 된다. 다만 특허 심사관이 요구하는 답변서를 전문가와 상담하여 성의껏 일정 안에 대답해 주는 것이 중요하다.

미국에서는 특허 신청서를 제출해서 이를 특허로 발행받는 데까지 일반적으로 3년 정도 소요되며, 대개의 경우에는 하드웨어 특허가 소프트웨어 특허보다 검사 기간이 비교적 짧다. 그렇다면 미국에서 특허를 인정하지 않는 중요한 조건들에는 어떠한 것들이 있을까? 우리가 앞의 1장에서 잠깐 살펴보았던 것 외에 다음과 같은 것들은 특허 기술로 신청할 수 없다.

### 특허청

- 출원서를 어떻게 썼느냐에 따라 특허청에서 특허 신청을 거절할 수 있음.
  - 발명자의 아이디어가 아니라고 생각함.
  - 특허가 나와 있다고 생각함.
  - 특허를 받을 정도가 아니라고 생각함.
- 특허청에서 특허자에게 보충 자료를 특정 기간 내에 제출 요청

- 세상에 이미 알려진 사실
- 제품이 되어 시장에 나와 있는 것
- 발표된 지 1년이 넘은 과학 지식
- 다른 사람이 이미 쓰고 있는 아이디어

# 특허의 판매와 거래 그리고 창업

　일단 특허로 인정받게 되면 특허를 받은 사람은 여러 가지 특혜를 누릴 수 있다. 특허권을 가지고 회사를 창업한 뒤, 이를 상품으로 만들어 팔 수도 있고, 해당 특허 기술을 다른 회사에 팔 수도 있으며, 특허 기술을 사용료를 받고 어떤 회사에게 일정 기간 동안 쓰게 할 수도 있다. 이 책의 부록에는 여러 나라의 특허 증서가 다양하게 소개되어 있으므로 참고하기 바란다. 특허권을 얻은 뒤, 창업하여 제품으로 상업화시키는 방법은 다음 장에서 자세히 논의하겠다.

　특허 판매는 특허 기술을 사용할 수 있는 권한을 어떤 회사에 팔고 그 특허권을 넘기는 것을 말한다. 이때 주의해야 할 점은 특허권은 한 번 판매가 되면 특허를 처음 얻어 낸 사람에게 특허에 대한 권리가 모두 없어진다는 사실이다. 지금 당장 보기에는 별반 가치가 없어 보이는 특허라도 시간이 지나 일정한 시점이 되면 무척이나 소중한 가치를 지니게 될 수도 있으므로 특허를 판매할 경우에는 전문가와의 상담을 거쳐 숙고(熟考)에 숙고를 거듭해야 한다. 이 책의 1장에서 언급한 바 있지만 블랙베리의 경우, RIM이 1980년대 초에 특허를 얻었을 때, 이 특허가

5억 달러의 가치가 넘는다고 생각한 사람은 아무도 없었다.

특허권을 팔 경우에는 장래에 있을 특허 가치를 모조리 포기해야 하기 때문에 이 방법은 그다지 추천할 바가 못된다. 다음으로 생각해 볼 수 있는 것은 특허 기술의 사용을 허락하고 사용료 royalty를 받는 방법이다. 이때, 사용 계약을 한 회사와 독점으로 할 수도 있고, 여러 회사가 공동으로 사용하게 할 수도 있다.

미국의 경우에는 다음 회사들을 이용하면 관련 정보를 쉽게 얻을 수 있다.

- Thomas Register
  - http//www.thomasnet.com/
- Standard & Poor's
  - http//www2.standardandpoors.com/
- Dun & Bradstreet's
  - http//credit.dnb.com/
- 각 분야의 Trade directories
  - http//www.wand.com/core/default.aspx?redir=1

특허권을 가지고 다른 회사들과 특허 사업을 거래할 때에는 거래 조건을 세심하게 따져 보아야 하는데, 이를 위해서는 실적 있는 전문 집단이나 변호사와 변리사 등의 전문가를 전면에 내세워 협상하는 것이 바람직하다.

# 노트폰의 특허 청구서

노트폰을 예로 들어 특허 청구서를 설명해 보겠다. 우리 회사의 특허 변호사가 노트폰에 대해 특허 청구한 내용은 다음과 같다.

- ● 핵심 기술
  - 다이얼 및 음성 송·수신에 따른 전화 제어 기능을 수여하는 기존 전화기에 전송 버튼이나 동기 버튼, 또는 화면 삭제 버튼을 사용하여 노트 패드에 수록되는 내용을 손쉽게 전송할 수 있다.
  - 키 입력부와 전화기 본체에 설치되어 있는 펜이나 디바이스에 의해 그려지는 그림이나 도표, 문자 등을 정기적으로 디지털 신호로 바꾸어 메모리에 담는 스캐닝 기능이 가능하다.
  - 마이크로프로세서와 그 프로그램을 송·수신할 수 있는 프로토 콜 개발이 가능하다.
  - 제어 신호를 받아서 전화회로부로부터 내용을 선택적으로 구동시켜 영상 신호를 송·수신할 수 있다.
- ● 제품
  - 음성과 수기(手記) 메모로 동시에 통화하는 전화기 노트폰으로, 통신 기술과 컴퓨터 기술을 접목시켜 일반 전화망(PSTN)에서 음성 통화와 동시에 손 메모를 주고받을 수 있는 신개념의 전화기이다.
  - 국제 표준 통신 규격인 ITUV.70DSVD 모뎀 기술을 이용하여 사람의 음성과 화면상에 터치 펜으로 작성하는 수기(手記) 메모를 실시간으로 동시에 상대방에게 전달함으로써 음성 통화만의 의사소통이 지니고 있는 한계를 뛰어넘어 손으로 내용을 쓰거나 그리면서

대화를 나눌 수 있는, 전화 통화의 새로운 영역을 개척한 장치이다.
- 내부에 저장된 프로세서를 이용하여 전화번호부, 발신자 번호, 수신 번호함, 발신 번호함 등의 데이터를 작성하고 이를 관리해 줌으로써 자동 전화 걸기 기능이 추가되어 전화 이용의 편리함을 제공한다.
- 미리 만들어진 노트 파일을 팩시밀리로 직접 전송할 수 있어 일정 관리, 계산기, 세계 시계 등의 기능을 제공한다.

● 사용 용도
- 가정용 보통 전화로도 쓸 수 있고, 음성이나 노트 메모를 저장할 수 있다.
- 청각 장애인들이 손으로 내용을 쓰면서 통화할 수 있다.
- 원격 교육용으로 수학이나 과학 수업을 효율적으로 진행할 수 있다.
- 군사용으로 비밀 유지에 탁월한 기능을 한다.
- 디자인 숍이나 변호사 사무실, 영업부 전략 회의실 등에서 효과적으로 쓸 수 있다.
- 문서나 다이어그램, 지도 등을 서로 주고받으며 대화를 나누는 데 좋다.

다음은 실제 노트폰 제품을 보여 주는 사진이다.

# Got an Idea?

# chapter 7

# 사업의 시작과 벤처 펀드

- 사업의 시작(start-up)
- 사업 계획서 작성
- 앤젤 펀드와 벤처 펀드
- 벤처 펀드를 얻기 위한 준비 사항
- 20분 안에 투자를 끌어내야 한다
- 벤처 펀드 회사의 질문에 대한 대처
- 벤처 펀드 회사의 투자 형태
- 벤처 펀드 회사가 던지는 일반적인 질문
- 창업 회사의 성공 요인
- 창업 회사의 실패 이유
- 창업 회사의 실패와 성공의 예

# 사업의 시작과 벤처 펀드

발명을 상품화하여 사업을 시작하고자 할 경우에는 발명에 대한 신념과 정열, 그리고 꾸준한 연습과 노력이 필요하다. 그리고 여러 가지 점검 끝에 사업적으로 성공할 확신이 생긴다면 회사를 세워 사업 계획을 짜고 구체적인 사업 모델을 만들어야 한다.

# 사업의 시작(start-up)

발명 특허는 새로운 특허 사용에 대한 허가를 받거나 그 특허를 서로 교환함으로써 회사의 이득을 높일 수도 있고, 새로운 사업을 만들어 나갈 수 있는 발판이 되기도 한다.

발명을 상품화하여 사업을 시작하고자 할 경우에는 발명에 대한 신념과 정열, 그리고 꾸준한 연습과 노력이 필요하다. 우리가 앞에서 살펴본 선행 특허 기술에 대한 조사 때 언급했지만, 이를 위해서는 면밀한 시장 조사가 요구된다. 그 결과, 여러 가지 점검 끝에 사업적으로 성공할 확신이 생긴다면 회사를 세워 사업 계획을 짜고 구체적인 사업 모델을 만들어야 한다.

우선 앤젤 펀드angel fund를 얻어 이 자금을 이용하여 해당 특허 기술에 사업성이 어느 정도 있다는 것을 증명한 뒤, 벤처 회사를 통해 벤처 펀드venture fund로 자본금을 충당함으로써 본격적으로 사업을 시작하는 것이 바람직하다. 몇몇 대학의 경우에는 자기 학교에 재학하고 있는 학생들의 특허 아이디어가 타당하다고 판단이 되면 일반 기업들과 특허 협정을 맺고, 거기서 나온 돈으로 사업을 시작하기도 한다.

새로 시작한 회사가 사업적으로 성공할 확률은 대략 10% 정도로 알려져 있는데, 보스톤의 MIT나 샌프란시스코의 스탠포드 공대의 경우는 성공률이 매우 높은 것으로 유명하다. 그 주된 이유는 선배들이나 교수들로부터 적극적인 도움을 받을 수 있기 때문인데, 이들 대학의 경우에는 주위의 은퇴한 경험자들이 자원 봉사자로 활약하고 있다고 한다. 실리콘밸리에는 이런 조직이 잘 발달되어 있어 창업자들에게 많은 도움이 되고 있다.

# 사업 계획서 작성

보통 특허가 나오기까지 소요되는 기간은 1년에서 3년 정도이다. 따라서, 특허청에 특허를 제출하고 난 뒤, 이 아이디어를 사업화할 구상이 있으면 특허 기술을 제품으로 만들기 위한 사업 계획을 바로 세우는 것이 좋다. 그래야만 일찍부터 제품, 즉 상품에 대한 효율적인 마케팅을 시작할 수 있기 때문이다. 그 첫 단계에 해당하는 것이 바로 사업 계획서를 작성하는 것이다.

사업 계획서는 회사의 이력서와 같은 역할을 하며, 앞으로 회사 차원에서 벌여 나가고자 하는 사업의 방법, 차례, 규모 따위를 미리 산정한 뒤, 거기에 적합한 목적과 의도에 따라 사업을 짜임새 있게 경영해 나가는 일을 기술해 놓은 것이다. 또한, 회사의 수입·지출 장부와 직원 구성, 마케팅과 홍보, 자금 조달과 생산 계획 등 경영에 대한 상세한 계획이 잘 정리되어 있어야 한다. 그래야만 누가 보더라도 사업 계획을 명확하게 이해할 수 있기 때문이다.

## 사업 계획서

좋은 사업 계획서는 다음과 같은 조항을 갖추어야 함

- 제품 요약 : 제품의 장점과 특허 제출 현황
- 경쟁사를 포함한 시장 조사
- 판매 예측, 가격, 판매망
- 생산 계획, 방법, 가격, 스케줄
- 경영진
- 재무 상태 설명서, 현금 유통, 예산, 예상 판매 가격(도·소매)
- 수익 예상

사업 계획은 결코 단기간에 승부를 볼 만한 것으로 정해서는 안 되며, 최소한 4~5년에 걸쳐 사업적 타당성, 즉 사업 성공률을 높일 수 있는 것으로 정해야 한다. 또한, 해당 사업에 들어가는 물적·인적 자원에 대한 계획과 재정적 지원 규모, 사업상의 문제점 점검과 기회 비용 확인 등 사업에 있어서의 전반적인 계획과 시행에 필요한 세부 관련 자료가 치밀하게 요약되어야 한다.

사업 계획서에 담길 사업 전반 자료에는 일반적으로 다음과 같은 관련 내용들이 포함되어야 한다.

- 사업 소개 : 계획된 사업이 무엇이며, 해당 사업을 통해 회사가 어떻게 성장을 하고 수익을 창출할 것인가를 경영진이 읽어서 쉽게 이해할 수 있도록 한두 쪽 정도로 간략하게 요약해 놓은 것

- 회사 구조 및 성격 : 법적으로 등록되는 것이나 창업 계획, 회사 경력 등을 기술해 놓은 것. 제품이나 서비스가 어떤 핵심 기술을 이용하여 소비자에게 다가서는 것인지를 소개함으로써, 경쟁 회사의 제품 또는 서비스와 어떻게 차별화되며 장점은 무엇인지 핵심 내용을 정리해 놓은 것

- 시장 조사 : 제품이나 서비스에 대한 시장 규모를 설명하고 소비자들이 요구하는 소비 성향을 어떻게 충족시켜서 소비자를 확보할 수 있는지 기술해 놓은 것. 그 기술이 새로운 것이라면 선행 시장 조사의 내용을 포함시켜 설명한 것

- 경영 방법 : 경영자들이 어떤 구성 형태로 해당 사업에 대한 경영을 해 나갈 것인가를 설명해 놓거나 트래킹(tracking)하는 방법을 기술해 놓은 것

- 경영 구조 : 경영 구성에 대하여 기술하고 경영진의 학력 및 경력을 회사 안의 역할과 책임에 초점을 두어 설명한 것

- 재무 상태 : 현재의 현금 유통 상태와 몇 년 동안의 이익, 손해 등을 예상하며 정확하게 기술해 놓은 것

사업 계획서를 만들어 두면 여러 가지 좋은 점이 있다. 사업 목적에 중점을 두게 함으로써 회사 차원에서 불필요한 과제를 줄여주는가 하면, 잘못된 기획이나 미흡하고 부족한 분석에 대해 수정·보완하는 기회를 얻을 수 있다. 개발 계획과 연관지어 적절한 시기에 시장에 진출할 준비를 할 수 있게 하는 동시에 자본 조달의 시의성(時宜性)도 확보할 수 있게 하는 역할을 한다.

# 앤젤 펀드와 벤처 펀드

특허 기술을 내는 사람이 회사를 새롭게 창업하여 제품을 만들어 나가고자 한다면 자본을 확보하는 여러 가지 방법을 미리 잘 생각해 두어야 한다. 일반적으로 회사 창업에 필요한 자본을 조달하는 방법에는 두 가지가 있는데, 한 가지는 앤젤 펀드이고, 다른 하나는 벤처 펀드이다.

앤젤 펀드는 창업 회사들이 처음 일을 시작할 때, 기초 자본금으로 들어가는 경비를 친지들이나 친구들을 통하여 모금하는 형태를 말한다. 이 종자돈 seed money 을 이용하여 회사가 어느 정도의 골격을 갖출 수 있어 본격적인 창업을 준비하려는 사람들이 이 제도를 주로 이용한다. 앤젤 펀드를 찾는 사람들은 새로 창업을 하는 사람들이 대부분이지만, 경우에 따라서는 기존 회사가 회사 경영에 압박이 와서 급히 운용 자금이 필요하거나 사업을 확장할 상황이 발생할 때 이용하기도 한다. 구글이나 야후 등의 초창기 시절에 자본금을 댄 사람들이 지금 백만장자가 된 것도 바로 앤젤 펀드 때 회사의 장래성을 믿고 여기에 투자를 했기 때문이다.

이에 비해 벤처 펀드는 그 성격이 조금 다르다. 벤처 자본은 개인들이나 다른 회사들로부터 자금을 모은 뒤, 그들을 대행하여 그 자금을 초창기의 창업 회사나 아직 기반이 갖추어지지 않은 중소 기업이 상장되기 전에 그 회사에 투자를 한다.

벤처 자본을 운용하는 회사는 펀드에 투자하는 조건으로 주로 증권을 받는다. 이러한 증권은 회사가 성공적으로 운영되어 주식 시장에 상장이 되어야만 투자에 대한 대가를 받게 된다. 이런 까닭에 벤처 펀드를 성공적으로 얻어 내기 위해서는 회사가 어느 정도 기반을 갖추어야 하고, 특허 확보라든가 판매망 구축 등의 기업 저변 환경이 잘 형성되어 있어야 한다.

# 벤처 펀드를 얻기 위한 준비 사항

벤처 펀드를 얻기 위해서는 몇 가지의 준비 사항이 필요하다. 사업 계획서가 작성되고 새로운 사업안에 대한 회사 차원의 준비가 끝나면 그 사업의 성격에 맞는 벤처 펀드 회사를 찾아야 한다. 회사들마다 분야가 다르기 때문에 벌이고자 하는 사업에 전문적인 식견을 가지고 있는 벤처 펀드 회사를 구해야 하는 것이다.

### 벤처 펀드 회사가 찾는 것

- 니치 기술 및 제품
- 지적재산 보호
- 경영진의 능력, 경험과 회사에 대한 열성
- 제품 시장성
- 회사 인프라
- 비즈니스 모델

벤처 펀드를 얻기 위해서는 우선 벤처 펀드 회사에 사업 계획서를 보낸다. 보통 한 달 이내에 회사로부터 답이 오는데, 해당 사업 계획의 핵심 기술 내용에 관심이 있는 경우, 본격적인 미팅이 이루어지게 된다.

이때 알아두어야 할 것은 벤처 펀드 회사가 하루에도 수십 군데서 비슷비슷한 사업 계획서를 받는다는 사실이다. 다시 말해서, 사업 계획서를 보내기 전에 벤처 펀드 회사의 생리를 잘 아는 전문가의 도움을 받는 것이 좋다. 특히 미국의 벤처 펀드 회사들은 서로 밀접하게 연관되어 있기 때문에 회사끼리 도움을 주고받는 경우가 많다. 예를 들어, 해당 사업 계획서가 한 벤처 펀드 회사에 수용이 되었다면 그것은 다른 회사와도 쉽게 연결될 수 있으며, 반대로 한 벤처 펀드 회사에는 수용되기 어려운 사업 계획서가 회사끼리의 상호 통신망을 통해 다른 벤처 펀드 회사로 연결되기도 한다. 그렇기 때문에 사업 계획서를 벤처 펀드 회사로 보내기 전에 전문가의 도움을 받는 것이 바람직하다. 이렇게 할 경우, 투자를 받을 성공률도 크게 높일 수 있다.

# 20분 안에 투자를 끌어내야 한다

여기서 한 가지 부연해 두고 싶은 점이 있다. 필자의 경험에 비추어 볼 때, 투자를 받을 목적으로 미국의 벤처 펀드 회사를 찾는 한국 기업들이 실패하는 이유는 두 가지가 있다. 하나는 기업의 재무 회계 기록이 잘 정리되어 있지 않다는 점이고, 다른 하나는 프리젠테이션 presentation 을 할 때 자료가 부족하며 발표 역량의 부족함이 두드러진다는 점이다. 즉, 발표자의 영어 발음이나 발표 기술이 부족하고, 설득력이 떨어져 기업 기술이 매우 좋음에도 불구하고 실패하는 경우가 많다.

벤처 펀드 회사에서 발표를 할 때, 시간은 보통 20분이 주어지는데, 발표 내용이 관심을 끌 경우에는 시간을 더 주기도 한다. 이 시간을 최대한 활용하여 사업 계획을 정확하게 설명함으로써 회사 임원들의 의구심을 해소해 주어야 한다.

벤처 펀드 회사에서 투자를 얻어 내기 위한 발표를 할 때, 중요한 몇 가지를 간추려 제시해 보면 다음과 같다.

- 가지고 있는 제품이나 서비스가 사람들의 시선을 집중시킬 수 있어야 한다.
- 지적재산에 대하여 특허를 신청했다거나 안전하게 보안이 되어 있음을 확인시켜야 한다.
- 회사의 경영진들이 그 사업에 열정이 있어서 효율적으로 이끌어 나갈 수 있음을 제대로 보여 주어야 한다.
- 해당 기술이나 제품이 시장성이 있는지, 경쟁 업체의 제품과 차별화가 되는지, 소비자들의 호응도를 어떻게 이끌어 낼 것인지 효과적으로 설명해 주어야 한다.

그 다음으로 중요한 것은 경영 구조가 잘 되어 있는가 하는 것이다. 제품이나 서비스 기술이 경쟁 회사의 것보다 아무리 월등하다고 하더라도 여기에 대한 적절한 마케팅 기술이 없다면 아무런 소용이 없다. 20분이라는 짧은 시간이지만 주어진 시간 안에 벤처 펀드 회사에 이 사업 계획을 팔지 못한다면 과연 이 사업을 성공시킬 수 있는 것인지 스스로에게 자문해 보아야 할 것이다.

20분이라는 짧은 시간 안에 사업 계획서에 담긴 여러 가지의 정보를 듣는 사람들이 쉽게 이해하고 파악할 수 있어야 하므로 핵심 내용을 가능한 한 간략하고 정확하게 정리해 놓아야 하며, 자료의 분량도 합쳐서 10쪽은 넘지

않는 게 바람직하다. 사람은 누구나 집중해서 읽을 만한 분량이 넘어가면 뇌 속으로부터 짜증이 밀려오기 때문이다.

다음에 보여지는 PT의 첫 번째 예는 전형적인 방법으로, 회사 소개에 이어 사업 모델과 시장성, 그리고 경영팀과 회계를 설명하고 있는 체제이다. 이 방법을 따르면 발표 진행에 별다른 문제 없이 프리젠테이션을 마칠 수 있다.

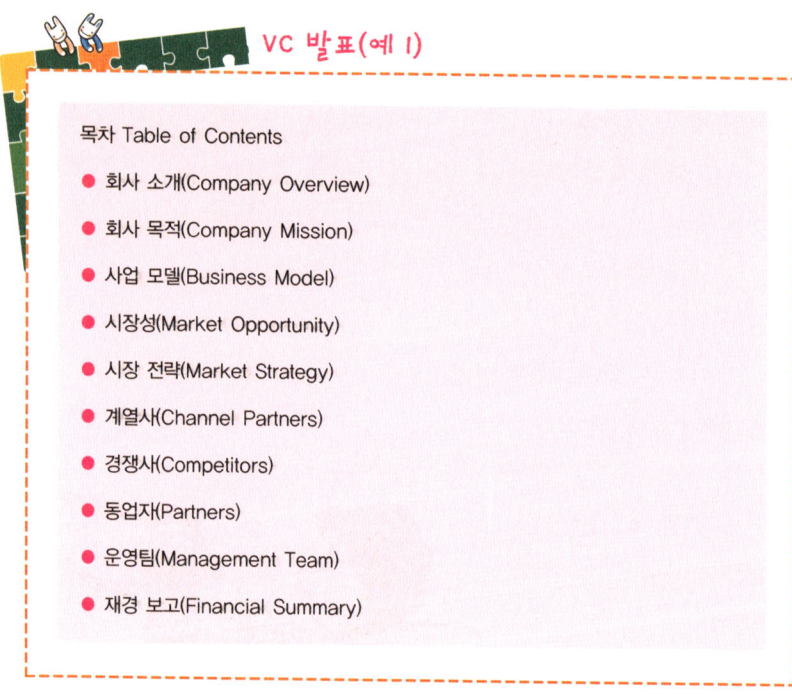

두 번째 방법은 사업 아이디어를 좀 더 강조하는 형태로, 전형적인 방법보다 더 흥미를 끌 수는 있지만, 발표자의 역량에 따라 성공 여부가 크게 달라진다는 특징이 있다. 이 방법을 사용하면 듣는 사람으로 하여금 사업 내용과 특허 기술 내용에 좀 더 관심을 기울이게 만들 수 있어 하이테크 high technology에 효과가 있다.

### VC 발표(예 2)

목차 Table of Contents
- 문제(Problem)
- 해결책(Your solution)
- 사업 모델(Business model)
- 기본 기술(Underlying magic/technology)
- 시장과 판매(Marketing and sales)
- 경쟁사(Competition)
- 회사원(Team)
- 예측과 측정(Projections and milestones)
- 현재 상태와 시간표(Status and timeline)
- 결론과 도움 요청(Summary and call to action)

# 벤처 펀드 회사의 질문에 대한 대처

많은 사람들이 프리젠테이션에 대한 경험 부족으로 벤처 펀드 회사의 자본을 얻지 못하고 있는 것이 엄연한 현실이다. 흔히 PT를 하는 과정에서 다음과 같은 질문들이 나오게 되는데, 그럴 때마다 질문에 대한 적절한 대답을 벤처 펀드 회사의 임원들에게 말해 주어야 한다.

- 시장성이 있는가?
- 기술적인 면에 있어서 시기상조가 아닌가?
- 회사가 가지고 있는 가치 측정을 너무 높게 잡은 것 아닌가?
- 사업 계획이 지나치게 선발 주자를 쫓아가는 것 아닌가?
- 사업 계획이 비현실적이라고 볼 수 있지 않은가?
- 시장에 대한 개발 계획이 미비하지 않은가?
- 경영진의 경험이 부족하지 않은가?
- 재정적인 뒷받침이 허술한 것 아닌가?
- 경영진의 월급이 너무 많은 것 아닌가?

벤처 펀드 회사에서 프리젠테이션을 하는 창업 회사의 경영진이나 미팅 발표 진행자에게 이러한 질문을 던지는 이유는 무엇일까? 그것은 바로 상대방의 경영 능력이나 문제 대처 능력을 시험해 보기 위해서이다. 핵심 지식이나 관련 정보를 모른다거나 화술이나 임기응변이 부족하여 질문에 대해 적절한 답변을 하지 못하면 벤처 펀드 회사의 좋은 반응을 이끌어 내기 어렵게 된다.

벤처 펀드 회사와 대화를 나누는 도중에 다음과 같은 이야기를 들었다면 이는 필연코 경고 사인sign이며, 조심해서 이야기를 전달해야 한다.

- 지금 우리가 하는 일이 너무 많아서 이 제안을 들여다볼 시간이 없다.
- 이 제안에는 생각해 볼 변수가 너무 많다.
- 이 분야에는 내가 적임자가 아니므로 다른 파트너를 소개해 주겠다.
- 사업적으로 분위기가 무르익었을 때 다시 이야기하자.
- 우리 회사는 이 분야에 대한 투자가 너무 과잉되어 있다.
- 우리 회사는 이 분야를 그다지 중시하지 않는다.
- 이 양식이 우리가 항상 계약을 할 때 사용하는 문서이다.

우리가 알아야 할 것은 벤처 펀드 회사도 우리처럼 같이 사업을 하기 원한다는 점이다. 따라서, 위와 같은 이야기를 들었을 경우에는 재빨리 그 문제점을 해결할 방안을 찾아야 한다. 상대방이 태클을 건 상황을 이해하고 거기에 적절히 대응함으로써 문제에 대한 해결 의지를 이해시켜야 한다.

벤처 펀드를 전문적으로 운용하는 회사가 있는 이유가 무엇이겠는가? 기존에 조성해 놓은 자금을 빨리 투자해서 돈을 벌어들이는 것이며 이는 벤처 펀드 회사의 성립 조건이라고 할 수도 있다. 그러므로 그들도 투자를 해서 사업을 벌여 나가는 것이 핵심 중의 핵심임을 결코 잊어서는 안 된다.

# 벤처 펀드 회사의 투자 형태

　물론 벤처 펀드 회사라고 다 같은 것은 아니며, 회사마다 각각의 특징이 있다. 어떤 회사는 창업 초기에 투자하는 경우가 있고, 어떤 회사는 회사가 어느 정도 성장하여 대규모 사업을 시작할 때 투자하는 경우가 있으며, 어떤 회사는 외형적 규모가 번듯해져서 상장에 필요한 시기가 도래했을 때 집중적인 투자를 쏟아붓는 경우도 있다. 물론 아주 초창기에 투자를 시작하여 해당 회사로 하여금 그 영향력을 지대하게 미치는 데 중점을 두는 벤처 펀드 회사도 있다.

　벤처 펀드 회사가 창업 회사에 자금을 투자하는 형태에도 다음과 같은 여러 단계가 있다.

- 착수금(seed money) : 아이디어를 이용하여 사업을 구상하는 처음 단계에 들어가는 자본으로, 앤젤 자금이라고도 함.
- 창설(start-up) 자금 : 회사 초창기에 시장 개발 과정이나 제품 개발 과정에 들어가는 자본
- 1라운드 자금 : 초창기 판매 과정이나 생산 과정에 들어가는 자본

- 2라운드 자금 : 초창기 회사로서의 운영 자본으로, 이익이 나오기 시작하는 단계임.
- 3라운드 자금 : 회사 확장과 지속적인 이익을 창출하기 위해 들어가는 자본
- 4라운드 자금 : 주식 시장에 상장을 시키기 위해 들어가는 자본

    A 회사는 IT에 중점을 두고 투자를 하고, B 회사는 에너지energy에 중점을 두고 투자를 한다고 가정하자. 하지만, 약육강식의 자본주의 경제 체제에서 이 말을 곧이곧대로 믿어서는 안 된다. 투자를 해서 돈을 벌 기회가 생긴다면 어느 회사든 여기에 뛰어들 것이 자명(自明)하기 때문이다. 어떤 창업 회사에 투자를 할 경우, 대부분의 벤처 펀드 회사는 회사의 위험 부담을 줄이기 위해 다른 벤처 펀드 회사와 합작하여 투자

제7장 사업의 시작과 벤처 펀드

하는 것이 일반적이므로 이런 배경을 알고 전문가와 함께 적절한 투자회사를 찾는 것이야말로 성공의 지름길을 밟는 일이 될 것이다.

 벤처 펀드는 누가?

마케팅 전문가처럼 유창하게 쉽고 자세하게 설명하며 임기응변으로 자신감을 보여줌과 동시에 사업에 대한 열성을 보임으로써 벤처펀드를 얻음.

# 벤처 펀드 회사가 던지는 일반적인 질문

다음은 벤처 펀드 회사에서 창업 회사에 던질 수 있는 일반적인 질문을 몇 가지 요약한 것이다. 벤처 펀드 회사의 자금 투자를 기대하는 사람은 이 질문을 잘 읽고, 자기 회사의 상태를 면밀하게 점검해 보는 것도 좋겠다. 다시 말하지만 발표 내용을 잘 만들어야 투자 회사의 관심을 끌 수 있으며, 이를 위해서는 프리젠테이션 자료를 만들 때부터 전문가의 도움을 얻는 것이 바람직하다.

**1 제품 개발 상태**

( )  아이디어로 제품 개발 중
( )  모조품 완성
( )  제품 완성
( )  시장 확보 후, 성장 중


**2 경쟁 회사 제품과의 차이**

( )  비슷함.
( )  경쟁사 제품보다 좋은 제품으로 아직 시장에 없음.
( )  완전히 새로운 제품임.
( )  기존 제품보다 싸고 품질이 좋음.


**3 시장 개발 상태**

( )  아직 시작하지 않았음.
( )  시장 개발 초입 단계
( )  본격적인 시장 개발
( )  소비자 시험 기간
( )  판매 시작


**4 판매 시작 후 1년간 예상 수입**

( )  없음.
( )  십만 달러 이하
( )  백만 달러 이하
( )  백만 달러 이상


**5 2년 후에 예상되는 수입**

( )  백만 달러 이하

( )  백만 달러 이상, 천만 달러 이하
( )  천만 달러 이상

### 6  2년 후 시장 점유율

( )  20% 이하
( )  20% 이상 40% 이하
( )  40% 이상 60% 이하

### 7  앞으로의 시장 크기

( )  오백만 달러 이하
( )  오백만 달러 이상, 천만 달러 이하
( )  천만 달러 이상

### 8  경쟁 회사들의 정보 상태

( )  아직 확인되지 않음.
( )  여러 소규모의 회사들이 있음.
( )  대형 회사가 시장을 점령하고 있음.

### 9  지적재산 상태

( )  없음.
( )  특허 제출 준비 중
( )  특허 제출
( )  특허 획득

### 10  회사 경영진 구성 상태

( )  설립자 혼자임 - 자본 구조에 따라서 경영진 구축 예정
( )  경영진들이 시간제로 일하고 있음.

( ) 경영진이 언제든 들어올 수 있는 대기 상태임.
( ) 경영진들과 함께 일하고 있음.

## 11 경영진의 경험 상태

( ) 처음 시작임.
( ) 창업 회사에서 회사원으로 일한 경험이 있음.
( ) 소규모 회사를 성공적으로 이끈 경험이 있음.
( ) 상장 회사 등을 M&A 형식으로 판 경험이 있음.

## 12 경영진의 투자 금액

( ) 없음.
( ) 5만 달러 이하
( ) 5만 달러 이상, 십만 달러 이하
( ) 십만 달러 이상

## 13 회사가 앞으로 투자한 금액을 되돌려 줄 수 있는지의 여부

( ) 생각해 보지 않았음.
( ) 이자 소득 지출
( ) 이익 분배 예정
( ) 적절한 시점에 회사에 판매
( ) 상장 IPO

## 14 재정 상태 보고

( ) 아직 준비하지 못함.
( ) 기본 자료 준비
( ) 수입과 지출 등 자세한 명세서 준비
( ) 명세서에 대한 회계사의 인증 확보

### 15  시장 계획

(　) 아직 준비하지 못함.
(　) 기본 자료 준비
(　) 계획 완성 후, 바로 준비 가능

### 16  사업 계획서

(　) 아직 준비하지 못함.
(　) 경영진 요약 완성
(　) 사업 계획서 완성
(　) 운영 방침서 완성 – 자본이 들어오면 언제든 시행 가능함.
(　) 전문가의 도움을 받아 완성함.

### 17  투자 요청 금액

(　) 이십만 달러 이하
(　) 이십만 달러 이상, 오십만 달러 이하
(　) 오십만 달러 이상, 이백만 달러 이하
(　) 이백만 달러 이상

# 창업 회사의
## 성공 요인

일단 투자가 결정되면 벤처 펀드 회사는 창업 회사가 성공할 수 있도록 여러 가지 도움을 준다. 회사 경영을 비롯하여 다양한 분야의 핵심 기술 전문가들과 의사소통할 기회를 만들어 주고, 시장 정보와 시장 채널을 점검해 주며, 새로운 기술 동향을 알려 줌으로써 기업의 성장에 필요한 역할을 해 준다.

일반적으로 창업 회사의 성공률은 15% 이하이다. 하지만 MIT 공대나 스탠포드 대학 부근에서 창업을 한 회사는 30%에 가까운 성장률을 자랑한다. 이는 아마도 주위에 있는 고급 인력의 도움을 얻을 수 있었기 때문일 것이다. 물론 성공 요인 중 가장 커다란 것은 회사를 끌고 나가는 창업자의 태도이다. 성공한 창업자들은 대개 '안전'보다는 '모험'을 택하는 경우가 많다. 실패를 두려워하지 않고 끊임없이 스스로에게 비전 vision 을 제시하며, 한번 일에 몰두하면 밤낮을 가리지 않고 전력을 다한다. 필자의 경험에 비추어 보면, 안정된 회사에서 아침 9시부터 저녁 6시까지 편안하게(?) 일하던 사람이 창업을 해서 성공했다는 이야기를 들어본 적이 없다.

　벤처 펀드 회사에 전달한 사업 제안서의 내용이 전부 다 맞다면 아주 이상적이라고 할 수 있다. 하지만 이는 현실적으로는 거의 불가능하다. 성공한 창업 회사를 잘 들여다보면 사업을 하기 위해 처음 시작한 아이디어를 주위 환경에 잘 적응하여 진화시켜 나간다는 사실을 알 수 있다. 기업은 변화하는 주변 환경에 따라 조직과 구성원들을 적응시켜야만 성공할 수 있고, 이를 위해 처음에 생각했던 아이디어도 상황에 따라 바꾸어 나가야 한다. 그러기 위해서는 고객의 눈높이를 잘 살펴야 하며, 그들이 원하는 것과 갑갑해하는 것이 무엇인지를 잘 알아야 한다.

　필자의 경험에 비추어 창업 회사가 성공하는 비결을 몇 가지로 정리하여 간략하게 소개하면 다음과 같다.

- 구성원들이 일에 정열을 쏟음.
- 아이디어를 명확하게 설명할 수 있음.
- 핵심 아이디어가 성공할 수 있다는 확신 아래 이 아이템(item)에 회의적인 다른 사람을 설득할 수 있음.
- 시장 확장에 항상 신경을 쓰고 관심을 기울임.
- 내가 하고 싶지 않은 일을 남에게 시키지 않고, 스스로 다른 사람의 본보기가 됨.
- 팀원과 일을 분담하며, 전문가에게 모르는 것을 배우려는 마음가짐을 유지함.
- 알맞은 운영팀을 유지하고, 적정한 현금 유동성을 확보함.

# 창업 회사의 실패 이유

그렇다면 새로 만들어진 회사가 기존의 회사에 비해 쉽게 실패하는 주된 이유는 무엇일까?

**창업 회사 실패 이유**

- 경영자의 경영 기술 부족
- 자금 부족
- 제품이 기존 제품보다 별로 다른 점이 없음.
- 사업을 잘못 선택
- 제품 개발 실패
- 소비자가 제품 사용에 어려움이 있음.
- 소비자가 원치 않는 제품 개발 또는 문제를 잘못 해결함.
- 비전을 잃고 포기함.
- 동업자를 만들지 못하고 적만 만듦.
- 손님이 없어짐.

창업 회사는 보통 3년을 넘기지 못할 확률이 85%라고 한다. 창업 회사의 실패율이 이처럼 높은 이유는 처음 시작한 아이디어의 굴레에 너무 집착하기 때문이다. 사업체를 운영하면서 주위 사정이 어떻게 급변하는지에 관심을 기울이지 않은 채 변화에 적응하려는 노력을 기울이지 않는다면 그 회사는 머지않은 장래에 망할 것이 틀림없다. 기업은 항상 변해야 살아남을 수 있다. 처음에 추구하던 기업 가치도 환경에 따라 유동적으로 바뀔 수 있으며, 그래야만 아이디어 자체도 또 다른 아이디어로 발전되어 나갈 수 있다. 자기의 아이디어를 소중하게 여기는 자세는 바람직하지만, 그렇다고 해서 이것만이 유일무이(唯一無二)한 명제(命題)라고 인식해서는 안 된다. 그런 면에서 볼 때, 몇 년 전 삼성 그룹의 총수가 "기업이 글로벌global 경제 체제에서 살아남으려면 모든 사고를 바꾸어야 한다. 아내와 자식 말고는 모든 것을 바꾸어라."라고 강조한 것은 자본주의 경제 구조 속에서 자구책(自救策)을 찾으려는 처절한 몸부림이라고 할 수 있다.

기업에 따라서는 창업자가 자신의 아이디어를 혼자만 갖고, 회사의 구성원들과 공유하지 않는 경우도 있다. 물론 회사 기밀 사항을 지키기 위해 불가피하게 이처럼 행동하는 경우도 있을 수 있다. 하지만 여러 사람의 지혜가 한 사람의 지혜보다 나은 것은 상식이며, 팀원들끼리의 건설적이고 유익한 토론을 통해 창업자의 아이디어가 더욱 세련되게 다듬어져 빛을 발할 수 있으므로 이를 잊지 말아야 한다.

또한, 한 가지에만 집중하고 더 넓고 깊게 생각하지 못하는 창업은 필연적으로 실패할 수밖에 없다. 이것을 터널 비전tunnel vision이라고 한다. 창업자는 항상 현실 감각을 가지고 사업 계획을 객관적으로 볼 수 있어야 한다. 내가 개발하고자 하는 제품이 과연 소비자에게 진정 필요한 것인지, 내 사업이 현재 소비자가 처해 있는 문제의 해결에 도움이

되는 것인지 외부 전문가의 도움을 받아 분석해 보려는 자세가 필요하다. 경쟁사의 제품을 잘 모른다든가, 제품의 판매 통로가 확실하지 않다든가, 운용 자금을 제대로 확보할 방법이 없어도 실패하게 된다.

그 다음으로 중요한 것은 팀 조직이다. 팀원들의 경험과 회사의 기술 능력 등이 창업 회사의 성공을 좌우하기 때문이다. 실리콘밸리에 떠돌아 다니는 말이 있다. 3년 안에 회사가 망하는 것은 경영자가 행동하지 않고 주저하기 때문이고, 경영자가 주위 환경에 반응하지 못하기 때문이며, 경영자가 회사에 꼭 필요한 사업 경영을 제대로 계획해 내지 못하기 때문이라는 말이다.

### 잘못된 제품

- Right idea for start-up

jet engine powered VW

wind turbine

　위의 그림에서 볼 수 있는 두 가지의 아이디어로 특허를 내서 신규 사업을 한다면 어느 제품이 지금의 시대 상황과 들어맞는 것일까? 폭스바겐에 제트 엔진jet engine을 단 자동차 사업일까, 아니면 새로운 에너지 사업인 바람을 통한 터빈turbine으로 전력을 만드는 사업일까? 독자 여러분의 현명한 판단은 이 질문에 대한 대답을 쉽게 이끌어 낼 수 있을 것이다.

# 창업 회사의
## 실패와 성공의 예

### 스토어 프론트(store front) 창업

MIT 공대에서는 대학교 3학년이 되면 동급생들끼리 창업 회사를 차린다. 대학교 안에서 사업 계획 business plan 을 짜는 경우도 있지만, 학생들끼리 모여서 아이디어를 내고 사업을 시작하는 경우도 있다. 이때, 선배들이 아래 학년의 후배들을 격려하고 도와 주는데, 지도 교수가 함께 참여하여 의사소통 중재자로서 네트워크 network 기능을 수행하기도 한다. 이처럼 MIT 공대 재학생들이 시작하는 창업 회사의 성공률은 40%를 넘는다.

스토어 프론트 store front 의 미디어 media 창업은 1999년에 7명의 MIT 공대 재학생과 경영대 슬론 Sloan 교수가 프로젝트 project 의 일환으로 시작한 것이다. 이 회사는 웹 web 을 사용하는 고객이 관심을 보이는 의상을 고객의 3D 이미지 image 로 보여 줌으로써 고객의 선택을 유도하는 기법을 선보였다. 다시 말해서, 가상의 모델링 virtual modeling 을 이용한 첨단 기술 장치라고 할 수 있다. 웹을 통해서 자기가 입은 옷을 직접 볼 수 있게 함으로써 색깔이나 모형을 바꿀 수 있게 했다는 데 이 기술의 특징이 있다. 다음은 이 기술로 파급된 효과를 나열한 것이다.

- 웹으로 옷의 종류를 선택할 수 있어 고객의 판매를 유도할 수 있다.
- 소프트웨어(software)를 통해 다른 회사들로 하여금 사용료를 내고 사용하게 만들 수 있다.
- 온라인(on-line) 광고로 수익을 창출해 낼 수 있다.

그렇다면 이 팀의 첫 번째 결정은 무엇이었을까? 그것은 바로 벤처 펀드 회사venture capital로부터 자금을 얻을 것인가, 앤젤 펀드angel fund를 통해 자금을 조달할 것인가였다. 여러 차례의 협의 끝에 팀은 앤젤 펀드 쪽을 택했다. 그 주된 이유는 벤처 펀드 회사로부터 자금을 지원받을 경우, 원칙적으로 주식에 대한 소유권이 벤처 펀드 회사로 넘어가기 때문이다.

이런 까닭에 팀은 알고리즘algorism의 개발이 끝나는 것과 동시에 몇몇 회사와 시범 사업을 추진하기 시작했다. 하지만 시범 사업을 성공적으로 끝내고도 팀은 상장IPO을 하지 못했다. 왜냐 하면, 학생들이 학교 수업 때문에 사업 시작에 꼭 필요한 개발 종료 시간을 맞추지 못했기 때문이다. 학교 공부에 치중하다 보니 사업 성공에 대한 욕구가 크지 않았음을 방증하는 예라고 할 수 있다.

결국 이 창업 회사는 다른 회사에 흡수되었다. 학생들 입장에서 보면

어느 정도의 학비는 마련할 수 있었지만, 성공할 여지가 다분했음에도 불구하고 현상 유지에 급급했다는 아쉬움이 컸다. 여기에서 우리가 느낄 수 있는 것은 빠른 시장 접근과 끊임없는 노력과 열정이 하이테크 기술을 가진 회사의 창업과 그 성공의 바로미터 barometer 라는 점이다.

## A123

A123이라는 기업은 미국의 MIT 공대 교수들이 시작한 새로운 형태의 배터리 battery 회사이다. MIT 공대 교수들 몇몇이 새로운 배터리를 개발하고 특허를 받았다. 새로운 에너지 개발에는 초기 자본이 많이 들어가는데, A123에서 개발한 새로운 배터리도 이러한 종류에 해당되었다.

휴대용 기계가 개발됨으로써 빠른 충전이 가능하고 수명이 오래가는 새로운 배터리의 개발이 필요했는데, 여기에 석유 수급 불균형에 따른 오일 oil 파동이 덧붙여져 자동차에 들어가는 새로운 배터리의 보급을 더욱 시급하게 만들었다. 그 뒤, 미국 정부에서 발표한, MIT에서 발명한 새롭고 신기한 리튬 나노 lithium nano 인산염 배터리가 관심 있는 사람들의 주목을 받게 되면서 여기에 대해 몇 개의 벤처 펀드 회사가 합작 형태로 투자를 하기 시작하였다.

창업 회사에서 가장 중요한 일은 대기업과 같은 큰 회사에 납품할 수 있는 길을 뚫는 것이다. A123 회사는 미국의 블랙 앤 데커 Black and Decker라는 회사와 납품 계약을 맺고 본격적으로 휴대용 기구에 들어가는, 충전이 가능한 배터리를 공급하기로 하였고, 그 뒤에는 자동차 회사와 계약을 맺어 하이브리드 hybrid 자동차에 들어가는 배터리를 생산하기로 하였다.

이런 형태로 사업이 확장되자 다른 기업의 시선을 끄는 데 성공했고, 몇몇 벤처 펀드 회사들이 합자를 해서 약 300백만 달러의 투자 자금이 확보되었다. 드디어 대량 생산을 할 만한 공장 건설에 나설 수 있게 된 것이다.

회사가 성공하기 위해서는 기술도 중요하지만 좋은 벤처 펀드 회사를 만나는 것이다. 이들은 기업에 일단 투자를 하면 이 기업이 성공할 수 있도록 여러 가지 현안들을 폭넓게 도와 준다. 물론 좋은 벤처 펀드 회사도 좋은 기술과 창의적인 경영진이 있는 회사를 만나고 싶어한다. A123 회사는 2009년이나 2010년에 상장을 할 준비를 착실하고 차분하게 다지고 있는 중이다.

# Got an Idea?

APPENDIX

# 부록

1. 여러 나라의 특허
2. 중요한 특허 용어

# 1. 여러 나라의 특허

## 1.1 미국 특허

US007249058B2

| (12) **United States Patent**<br>Kim et al. | (10) Patent No.: **US 7,249,058 B2**<br>(45) Date of Patent: **Jul. 24, 2007** |

(54) METHOD OF PROMOTING STRATEGIC DOCUMENTS BY BIAS RANKING OF SEARCH RESULTS

(75) Inventors: **Moon Ju Kim**, Wappingers Falls, NY (US); **Juan-Leon Rodriguez**, Pleasant Valley, NY (US); **Yurdaer Nezihi Doganata**, Chestnut Ridge, NY (US)

(73) Assignee: **International Business Machines Corporation**, Armonk, NY (US)

( * ) Notice: Subject to any disclaimer, the term of this patent is extended or adjusted under 35 U.S.C. 154(b) by 954 days.

(21) Appl. No.: **10/120,082**

(22) Filed: **Apr. 10, 2002**

(65) **Prior Publication Data**
US 2003/0093338 A1    May 15, 2003

**Related U.S. Application Data**

(63) Continuation-in-part of application No. 10/054,301, filed on Nov. 13, 2001.

(51) Int. Cl.
*G06Q 30/00*    (2006.01)
(52) U.S. Cl. ...................................................... **705/26**
(58) Field of Classification Search ................ 705/26, 705/27, 2
See application file for complete search history.

(56) **References Cited**

U.S. PATENT DOCUMENTS

| 4,996,642 A | * | 2/1991 | Hey ........................... 705/27 |
| 5,598,557 A | | 1/1997 | Doner et al. ................. 395/605 |
| 5,765,142 A | | 6/1998 | Allred et al. ................. 705/26 |

(Continued)

FOREIGN PATENT DOCUMENTS

JP    2001043241 A    *    8/1999

OTHER PUBLICATIONS

The evolution of web searching, Green, David, Online Information review, pp. 124-137, 2000 ISSN.*

*Primary Examiner*—Florian Zeender
*Assistant Examiner*—O. Garcia Ade
(74) *Attorney, Agent, or Firm*—Norman Gundel

(57) **ABSTRACT**

A method, software and apparatus are provided which enable promotion of products and services in a deterministic manner free of conflicting actions modifying raw ranking data based on merchants interests. For this purpose, an information consolidator is provided to obtain search results for a plurality of sources including directly from merchants. When a shopper enters a set of key words in an entry field in an on-screen form for a web server to obtain a list of items (products and/or services) of interest to the shopper, the documents describing the items can be prioritized by the information provided by the information source based on the web sites owner's priorities. The information consolidator receives ranking information taking the highest ranked products and obtains the product information for the most highly ranked products. The information consolidator then reranks the products using a preferred ranking algorithm to remove information sources biases in this ranking of the products. The information consolidator can add weighting factors such as those covered in the copending applications by the merchant. The weighting factors are combined with the mentioned ranking mechanisms to the documents to increase the probability that certain items come to the top when the search results are presented to the shopper. These pages could be used to promote products or otherwise direct the selection shoppers. The weighting factors are configured so as to not decrease the shoppers confidence in the ranking process.

**8 Claims, 9 Drawing Sheets**

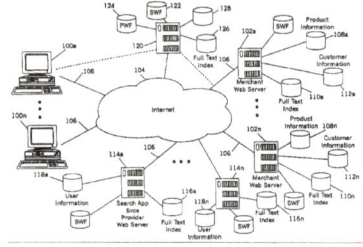

## 1.2 유럽 특허

European Patent Office
80298 MUNICH
GERMANY
Tel. +49 (0)89 2399 - 0
Fax +49 (0)89 2399 - 4465

KIM, Moon, Ju
11 Carmel Heights
Wappingers Falls, New York 12590
ETATS-UNIS D'AMERIQUE

For any questions about this communication:
Tel.:+31 (0)70 340 45 00

Date
14.01.09

| Reference | Application No./Patent No. |
|---|---|
|  | 07727723.4 - 2203  PCT/EP2007053252 |

| Applicant/Proprietor |
|---|
| International Business Machines Corporation |

**Notification of the data mentioned in Rule 19(3) EPC**

In the above-identified patent application you are designated as inventor/co-inventor. Pursuant to Rule 19(3) EPC the following data are notified herewith:

DATE OF FILING : 03.04.07

PRIORITY : US/18.05.06/ USA 436251

TITLE : SYMMETRICAL MIM CAPACITOR DESIGN

DESIGNATED STATES : AT BE BG CH CY CZ DE DK EE ES FI FR GB GR HU IE IS IT LI LT LU LV MC MT NL PL PT RO SE SI SK TR

Receiving Section

## 1.3 한국 특허

**상세정보**

**발명의 명칭**
악보디스플레이 장치 (device for musical book displaying)
Int. Cl          G10G 7/00 (2006.01)
출원번호(일자)    10-2000-0007793 (2000.02.18)
공개번호(일자)    10-2001-0081718 (2001.08.29)
공고번호(일자)
등록번호(일자)
구분/원출원권리   / 신규출원
원출원번호(일자)
Family 출원번호
최종처분내용     원결정유지(심사전치)
등록상태
국제출원번호(일자)
국제공개번호(일자)
심사청구여부 (일자)  있음(2000.02.18)
심사청구항수     3

**대표도면**

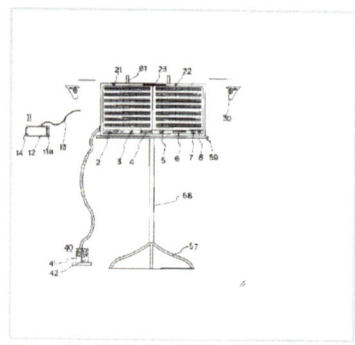

**초록**
본 발명은 악보디스플레이 기능은 물론 시.청음, 각종 사운드재생과 녹음기능, 메모기능, 작곡기능등을 겸비한 악보 디스플레이에 관한 것이다.
각종 악기를 연주를 하는 경우 혹은 지휘하는 경우에 다량의 악보를 연주중에 넘기거나 아니면 다시 원위치로 복구하여 주면서 연주를 가능하게 한다. 특히 양손을 함께 사용하는 경우 보조자가 항시 있어야 만 가능하다. 또다른 것으로는 악보상에 필요한 데이터를 기록하거나 악보를 다시 찾고자 하는 경우 수동으로 페이지를 넘기는 작업이 필요하였다. 또한 기본음과 기본박자를 확인하기위하여 별도의 튜너 혹은 메트로놈을 소지하여야 한다.
본 발명은 디스플레이를 중심으로 각종 외부저장장치 혹은 입력장치, 출력장치를 내장하고, 발에 의하여 작동하는 콘트롤페달, 외부 스피커, 그리고 메모패드를 채용하므로서 내장된 중앙처리장치에 의하여 사용자의 입력이벤트신호에 의하여 악보표현, 메모기능, 메모재생 및 녹음 기능, 직접적인 음악데이타 재생기능, 통신기능을 일체로 하여, 보다 본발명의 장치 한

## 1.4 중국 특허

[19] 中华人民共和国国家知识产权局

[12] 发明专利说明书

[51] Int. Cl.
G06F 9/50 (2006.01)
G06F 9/455 (2006.01)

专利号 ZL 200610075338.9

[45] 授权公告日 2008年10月22日　　　　　　[11] 授权公告号 CN 100428168C

[22] 申请日 2006.4.10
[21] 申请号 200610075338.9
[30] 优先权
　　[32] 2005.7.26　[33] US　[31] 11/189,364
[73] 专利权人　国际商业机器公司
　　地址　美国纽约阿芒克
[72] 发明人　穆恩·J·金　斯科特·F·罗尔林
　　　　　　桑德拉·布尔森　布鲁斯·J·海登
　　　　　　弗吉尼亚·P·戈德史密斯
　　　　　　戴克然·梅利克斯汀　科尔姆·马隆
[56] 参考文献
　　US2004103057A1　2004.5.27
　　DE10335429A1　2005.2.24
　　JP2005085203A　2005.3.31
　　CN1202971A　1998.12.23

CN1193144A　1998.9.16
　审查员　陈安安
[74] 专利代理机构　北京市柳沈律师事务所
　代理人　黄小临　王志森

权利要求书2页　说明书10页　附图4页

[54] 发明名称
　管理虚拟机的中央处理单元利用的方法及系统

[57] 摘要
　本发明允许从主机角度捕获虚拟机的CPU利用。具体地，依照本发明，具有一组(例如一或多个)作业的工作请求由主机接收，并且分配给节点上的虚拟机。通常，工作请求伴随帐户标识符，例如多值计费代码。一旦把该工作请求分配给该节点上的特定VM，则发布"startacct"脚本，并且创建第一帐户记录。接下来，处理该工作请求，并且监视完成该组作业所需的CPU利用。一旦完成了该组作业，则发布"endacct"脚本，并且创建第二帐户记录。其中，第二帐户记录包括所监视的CPU利用和帐户标识符。

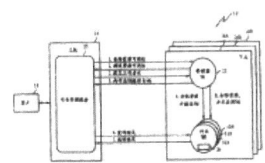

## 2. 중요한 특허 용어

- **특허포기(abandonment)**  출원하고도 특허를 포기하는 것(Simple inaction may render a patent right abandoned.)

- **대리인(agent)**  대리권을 가진 자

- **출원특허(application)**  특허권, 실용신안권, 디자인권 또는 상표권을 획득하기를 원하는 자가 특허청에 일정 서식과 요건을 갖추어 심사를 전제로 권리 설정 여부를 판단하여 줄 것을 요청하는 행위(papers comprising petition, specification, drawings, claims, oath or declaration and filing fee, whereby an applicant seeks a patent.)

- **양수인(assignee)**  특허 등 지식재산권에 관한 권리를 타인으로부터 매입하였거나 양도받은 사람 또는 법인(The person(s) or corporate body to whom all or limited rights under a patent are legally transferred.)

- **장치(apparatus)**  장치 방법(process)과 함께 발명의 카테고리의 하나로서 2 이상의 요소가 정해진 결합 관계로 연결되고, 전체로서 소기의 목적을 달성하는 것

- **인용(citation)**  적법하게 공중에게 제공된 저작물을 인용하는 것은 그것이 공정한 관행에 합치되고, 목적상 정당한 범위를 넘지 않는 경우에 허용됨.(Citations may be made by the examiner or author. They comprise a list of references that are believed to be relevant prior art and which may have contributed to the "narrowing" of the original application.)

- **청구범위(claim(s))**  당해 특허 출원 발명이 특허된 경우 특허 발명으로서 보호되는 보호 범위적 기능과 발명을 구성하는 구성 요건적 기능을 수행하는 부분(The definition of the monopoly rights that the applicant is trying to obtain for the invention. The claims become the actual monopoly that is given when the patent is granted. A claim consists of a specification and one or more claims.)

- 계속출원(continuation, 미국특허출원절차)    처음 출원과 동일한 발명의 내용을 첨가한 부분을 특허청에 계류 중에 재출원하여 원출원일을 인정받으며 다시 심사를 받는 절차(Second or subsequent applications that are filed while the original parent application is pending. Continuations must claim the same invention as the original application to gain the benefit of the parent filing date.)

- 발명 기술 발표(Invention (defensive))    Publication A publication and disclosure to the public of a pending patent application.)

- 디자인특허(design patent, 미국 제도)    산업 디자인에 14년간 특허와 유사한 독점권(A type of patent covering the shape characteristics of an object.)

- 발명의 공개(disclosure of invention)    특허를 출원하여 특허청에 의해 공개되는 것. 특허는 발명의 공개에 대한 대가로 독점적인 권리를 얻는 것임.(The first public disclosure of details of an invention.)

- 도면(drawing)    발명을 도식화한 것으로서, 명세서의 보조 자료로 사용됨.(One or more specially prepared figures filed as a part of a patent application to explain and describe the invention. Drawings (or illustrations) are more commonly found with inventions for mechanical or electrical devices.)

- 개시의무(duty of disclosure)    출원인은 특허상표청에 독점권을 주장하고 요구하는 데 있어서 특허성에 영향을 줄 수 있는 모든 관련된 사실을 평가할 기회를 특허상표청에 부여하여야 하며, 출원인은 특허에 대해서 모든 관련 사실을 충분하고 정확하게 심사관에게 고지할 의무를 지고 있음.(This is a requirement imposed on all persons involved with the patenting process to disclose information (patents, articles, laboratory data etc.) to the patent examiner that may affect the granting of a patent.)

- 특허 검사관(examiner)

- 출원일(filing date of application)   출원의 선·후 판단의 시간적 기준으로서 특허청에 대한 서류의 제출 효력이 발생함.(The date when the application reaches the patent office in complete form.)

- 선출원주의(first-to-file system)   유럽의 시스템으로 하나의 발명에 대하여 복수의 출원이 있을 경우 그 발명을 한 시점의 선후를 문제삼지 않고 출원한 시점의 선후만을 비교하여 먼저 출원한 자에게 특허를 부여하는 제도(In the European patent system, the patent is awarded to the first person to file an application on that invention independent of who was the first to invent.)

- 선발명주의(first-to-invent system)   동일 발명에 복수 개의 출원이 존재하는 경우 최초의 발명자에게 특허권을 부여하는 제도(In the US, the patent is awarded to the first person to make an invention independent of who first files an application for that invention.)

- 침해소송(infringement lawsuit)   특허권자 등 지적재산권자 또는 전용사용권자가 지재권의 침해 행위에 대하여 침해자에게 제기하는 소송. 침해소송은 본안소송으로 금지청구 등의 소와 손해배상청구의 소가 있음.(Encroach or trespass on the rights of others, usually involving intellectual property. A device infringes on a patent if the claims of a valid patent read on that device.)

- 저촉심사(interference, 미국 특허)   특허출원에 대하여 선발명을 판단하는 행정절차. 선발명주의를 채택하고 있는 미국에서 선후원 출원 간의 실제적인 발명일을 확인하는 절차로서 특허심판저촉심사부(A procedure declared by the patent office when it appears that two or more people made the same invention at roughly the same time)

- 실시료(License Fee or Royalty)   지재권의 실시에 대하여 실시권을 받은 자가 실시권을 허락한 자에게 지급하는 대가(A transfer of patent rights that does not amount to an assignment. A license, which can be exclusive or non-exclusive, does not give the licensee the legal title to the patent.)

- 신규성(novelty)   특허등록요건 중의 하나로 종래의 기술과 구별되는 신규 사항이

있어야 함.(Claims must be new.)

- **자명성(obviousness, 미국)** 특허의 대상과 선행기술과의 차이가 발명 당시에 그 대상이 전체로서 해당 기술분야에 일반 지식을 갖고 있는 자에게 자명할 때에는 특허를 받을 수 없다고 되어 있음.(The concept that the claims defining an invention in a patent application must involve an inventive step if, when compared with what is already known(i.e. prior art), it would not be obvious to someone skilled in the art.)

- **특허성(patentability)** 특허요건인 신규성, 진보성, 산업상 이용 가능성을 충족하는지 여부(The ability of an invention to satisfy the legal requirements for obtaining a patent, including novelty.)

- **계류 중인 출원(pending application)** 특허청에 수리된 출원으로서 특허등록 또는 포기 등의 최종 처분을 받지 아니한 출원(The period in which the patent office has not yet decided whether to reject or to grant a patent application.)

- **거절(rejection)** 심사과정에서 실체적인 특허요건을 만족하지 못할 경우에 심사관이 취하는 행정행위(When a patent application is refused by patent office.)

- **미국 특허청(USPTO, Patent and Trademark Office)**

# Got an Idea?

초판 인쇄 | 2009년 8월 1일
초판 발행 | 2009년 8월 5일

저 자　Dr. Moon J. Kim, Prof. James J. Kim
펴낸이　김승기
펴낸곳　생능출판사

주소　경기도 파주시 교하읍 문발리 507-12
　　　파주출판도시 (413-756)
전화　(031)955-0761
팩스　(031)955-0768
등록　제 16-1751호
　　　1998년 10월 2일

홈페이지　http://www.booksr.co.kr

ISBN　978-89-7050-634-0　03320

정가　13,000원